对外开放战略研究丛书

全球经济失衡研究

A STUDY OF
THE GLOBAL IMBALANCES

胡 渊 著

社会科学文献出版社
SOCIAL SCIENCES ACADEMIC PRESS (CHINA)

总　序

经济全球化的不断深化使世界主要经济体都融入全球产业链，世界经济格局也由此悄然发生着变化。2008 年始发于美国的全球金融危机，对全球经济造成的冲击和震荡至今尚未消退，世界经济格局的演变愈发明显。以中国等"金砖国家"为代表的新兴发展中国家的崛起，正对以美国为首的西方发达国家主导的现有国际经济格局和秩序提出新的全面挑战。新兴发展中经济体占全球产值和贸易额的比重正在快速增长，已成为世界经济增长新的拉动力量。在国际经济协调舞台上，以 G20 为代表的多边协调机制发挥着越来越重要的作用。这是一次不同于以往的世界经济格局变动，它不再是西方发达国家之间内部力量的重新调整，而是新兴发展中经济体作为一个整体对于发达经济体的全面挑战，可能预示着世界经济格局的一个新纪元。

与此同时，我们仍需清醒地认识到，现有的国际经济运行的基本规则仍旧为美国等发达国家所主导，它们在全球产业链、国际贸易、国际金融和投资以及全球治理中的主导地位并未发生根本性的改变，量变还远未达到质变的阶段。况且，美国等国也在积极改变自身的对外经济战略以适应新的世界经济格局，试图维护自身的主导地位，使世界经济仍旧在其可控范围内运行。

因此，面对后金融危机时代世界经济格局的深刻变化，全球经济再平衡的新环境以及美国等国对外经济战略的调整，中国必须以一个开放的发展中大国的定位，深化国内经济体制改革的同时，制定新的对外经济战略才能应对新的挑战，使中国经济保持长期的稳定增长。新的对外经济开放战略要求我们统筹国内发展和对外开放，实现数量扩张向质量提升的转变，兼顾本国利益和互利共赢，它是一个包含了对外贸易、国际金融、国际投资、国际技术合作、区域经济合作和国际经济协调等多个方面的、开放的战略体系。

本人长期从事世界经济与中国对外开放问题的研究。早在1978年师从郭吴新教授攻读武汉大学世界经济硕士和博士学位时，就开始对中国与美国的经贸关系进行研究。1993年，我的论文《重返关贸总协定对国内市场的影响》获安子介国际贸易研究优秀论文奖。1996年，我主持了国家教委重点社科基金项目"世界贸易组织的建立、发展趋势与我国的对策"，最终成果由人民出版社出版，该成果获湖北省第三届社会科学优秀成果一等奖，是国内最早研究世界贸易组织问题的著作之一，为我国入世前后的对外开放战略提出了许多有价值的建议。此后，我先后完成国家社科基金重点项目和教育部首批跨世纪优秀人才基金项目"外商对华直接投资：经济影响、主要经验和对策"等课题，2004年在人民出版社出版的《国际直接投资的新发展与外商在华直接投资研究》被教育部鉴定为优秀成果，该著作荣获教育部第四届高等学校优秀科研成果三等奖；论文《中美贸易逆差的"外资引致逆差"问题研究》荣获教育部第五届高等学校优秀科研成果二等奖。

近年来，我又主持了国家社科基金重大攻关项目"后金融危机时代中国参与全球经济再平衡的战略与路径研究"（11&ZD008）、国家社科基金重点项目"经济全球化背景下中国互利共赢对外经济开放战略研究"（07AJL016）和教育部社科重点研究基地重大项目"美国双赤字与世界经济失衡"（2007JJP790141）。8 年来，我和我领导的研究团队对新世纪世界经济的发展与中国对外开放战略进行了系统的深入研究，这套丛书是我们团队在该问题上的研究成果。

这套丛书从不同的角度和领域研究了新世纪以来中国对外开放的新战略，涉及对外贸易战略、金融开放战略、引进外资和对外投资战略、国际技术创新与合作战略、区域经济合作战略以及中国参与全球经济再平衡的战略与路径等内容，并根据研究结果提出了可行的政策建议。相信这套丛书的出版将对中国对外开放战略的研究工作产生积极的推动作用，对此有兴趣的学者、政策制定者和相关人士定能从中得到收获。

中国美国经济学会会长

中国世界经济学会副会长

中国亚太学会副会长

武汉大学世界经济研究所所长

陈继勇

2014 年 4 月于珞珈山

| 前　言 |

　　随着全球化的推进，生产要素在世界市场上日益自由流动，国际贸易也空前发展，与此相对应的是，贸易收支失衡也成为一国对外经济常态。当前的全球经济失衡始于20世纪90年代末，具体表现为：一方面，美国经常账户赤字庞大、债务增长迅速；另一方面，日本、中国和亚洲其他主要新兴市场国家对美国持有大量贸易盈余。全球经济失衡已成为当前世界经济运行的主要特征和面临的重要风险，也因此成为学术界、政策制定者、国际机构竞相研究的热点问题。

　　造成当前世界经济失衡的原因是多方面的，不是一国或一个地区单方面的问题所致。同时，世界经济失衡调整带来的冲击和风险也是世界各国需要共同面对的挑战。研究世界经济失衡调整，探索风险可控、成本最小的调整路径、模式，有利于世界经济的稳定发展。随着中国开放型经济的发展，中国经济与世界经济的联系日益紧密，外部均衡在宏观经济调控中的地位日益上升。作为当前全球经济失衡的盈余方，中国在国际上面临着人民币升值压力、贸易摩擦加剧的不利局面，在国内又备受贸易失衡带来的流动性过剩、货币政策独立性丧失的困扰。系统研究全球经济失衡调整路径、模式及其成本风险，必将推动对该问题理论认识的深入和发展，为制定科学的应对策略和措施提供研究资料，使全球经常账户失衡调整对中国的负面冲击最小化，这将有助于中国坚持互利共赢对外开放观，促进经济的持续发展与繁荣。

一方面，全球化使得当今的全球经济失衡呈现出与以往不同的特征，表现得更加错综复杂；另一方面，随着理论的不断发展，借助精深的理论模型与计量工具，学术界对当前全球经济失衡的认识也在不断深化。随着研究的深入，学术界对全球经济失衡的原因及其可持续性基本已达成共识，继而将研究重点转向全球经济失衡调整。本书在前人研究的基础上，以经常账户收支理论为基础，归纳出世界经济失衡调整的三条路径，并利用卡方检验对1980~2009年88个国家和地区的经常账户反转路径进行了经验分析；区别出世界经济失衡的渐进调整模式和激进调整模式，并分别给出具体识别标准，在此基础上比较不同的调整模式所对应的调整成本，深化了对世界经济失衡调整模式及其成本的认识。本书还将探讨中国在全球经济失衡调整中的作用，以及全球经济失衡调整对中国经济的影响，这将为中国应对来自世界经济失衡调整的压力提供一些理论上的支持。全书共分八章，具体的内容安排如下：

绪论阐明了本书的研究意义，并界定了相关概念；分别从当前全球经济失衡原因、全球经济失衡的可持续性以及全球经济失衡调整三个方面对相关研究作了综述；介绍本书的研究思路、结构安排，并提出研究方法；说明了本书的理论框架与一些创新之处。

第二章梳理了经常账户收支理论。经常账户收支理论的发展经历了从古典学派的自动调节机制向动态的稳定均衡分析的转变，本章按经常账户收支发展阶段选取了有代表性的经常账户收支理论进行述评。

第三章介绍了当前世界经济失衡现状，并利用跨国面板数据对当前世界经济失衡的影响因素进行实证分析。

第四章从有关经常账户收支理论出发，指出全球经济失衡调整的三条路径即汇率调整、储蓄率调整和国内金融深化水平调整；利用非参数检验对全球经济失衡调整的路径进行经验分析。

第五章界定了全球经济失衡的两种调整模式即渐进调整和激进调整，并利用多元 Logit 模型研究影响全球经济失衡调整概率的因素，这些因素包括一国的经常账户赤字规模、汇率制度、贸易开放度、金融开放度等。在此基础上考虑全球经济失衡调整模式的内生性，建立处理效应模型，探讨并比较不同的调整模式对应的调整成本。

第六章分析了金融危机背景下的全球经济失衡调整。首先介绍了金融危机背景下，主要盈余国和赤字国经常账户调整动态；其次分析了金融危机背景下全球经济失衡调整的原因；在此基础上，利用 VAR 模型对美国经常账户赤字发展趋势进行了预测。

第七章论述了国际经济协调在当前全球经济失衡调整中的必要性，研究了 IMF、G20、WTO 在全球经济失衡调整中的作用。

第八章论述了中国在当前全球经济失衡调整中的角色，研究全球经济失衡调整对中国经济的影响，在此基础上提出应对全球经济失衡调整的政策建议。

目 录
CONTENTS

当前的全球经济失衡始于 20 世纪 90 年代末，具体表现为：一方面，美国经常账户赤字庞大、债务增长迅速，另一方面，日本、中国和亚洲其他主要新兴市场国家对美国持有大量贸易盈余。全球经济失衡已成为当前世界经济运行的主要特征和面临的重要风险，也因此成为学术界、政策制定者、国际机构竞相研究的热点问题。在 21 世纪初以前，学者们对全球经济失衡原因及其可持续性尚存在较大的争议。随着研究的深入，理论界对全球经济失衡成因、可持续性基本达成共识，大多数经济学家认为当前全球经济失衡是不可持续的，必然面临调整，继而将研究重点转向全球经济失衡的调整。全球经济失衡调整采取何种模式、选择哪种路径，不仅事关失衡经济体，而且对世界经济也必将产生影响。中国作为全球经济中经常账户盈余方，更是不可避免地受其制约。

第一节　问题提出与研究意义

一　问题的提出

随着经济全球化迅猛发展和全球产业结构加快调整，资本、技术、产品、市场、资源和劳动力等要素在国家之间、地区之间持久而广泛地非均衡流动促进了全球贸易空前发展。全球商品贸易出口规模从 1980 年的 2.03 万亿美元飙升至 2011 年的 18.26 万亿美元，同期服务贸易出口规模从 0.37 万亿美元增至 4.19 万亿美元（见图 1－1）。贸易增速也已超过全球生产增长率，世界贸易组织（World Trade Organization，WTO）的统计数据显示，1991～2011 年全球出口贸易年均增速达 5.1%，而同期全球 GDP 年均增长率不到 3%①。与此同时，全球贸易也日益呈现不均衡发展态势，进出口不平衡、收支不平衡与地区发展不平衡日趋严重。尤其自 21 世纪以来，以全球经常账户不平衡（Global Current Account Imbalances）为突出表现的全球经济失衡（Global Imbalances）成为国际宏观经济环境运行的典型特征，引起人们持久而广泛的关注，并成为当前经济学家和政策制定者面临的最复杂的宏观经济问题（Blanchard 和 Milesi－Ferretti，2009）。

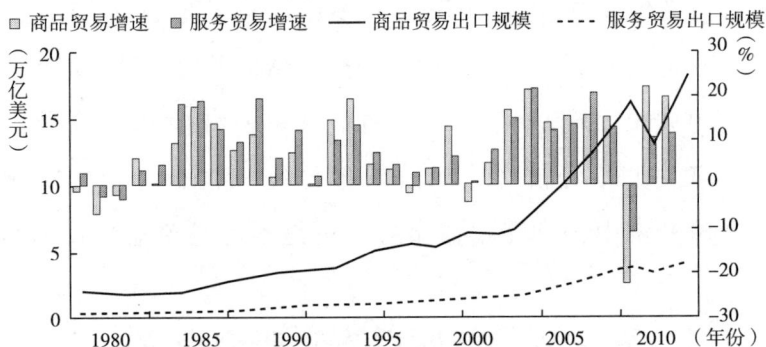

图 1－1　1980～2011 年全球商品贸易与服务贸易出口规模与增速
数据来源：世界贸易组织（WTO），Statistics Database。

---

① 资料来源：World Trade Organization（WTO），World Trade Report 2012。

不同于金本位时期、布雷顿森林体系时期以及 20 世纪 70~80
年代的全球国际收支不平衡，自东南亚金融危机以来形成的新一轮
全球经常账户失衡具有规模庞大、持续深化和多边失衡的特点。一
方面，当前的全球经常账户失衡除在 2001~2002 年和全球金融危机
期间有过短暂缓和外，失衡规模持续扩大。1997 年全球经常账户余
额绝对值为 0.36 万亿美元，到 2008 年达到 1.66 万亿美元的峰值
（占全球名义 GDP 的 5.42%），2008 年爆发的金融危机在一定程度上
强制性地缩小了不平衡规模，但 2010 年随着全球经济的稳步复苏，
全球经常账户失衡规模又开始呈现逐步扩大趋势（如图 1-2 所示）。

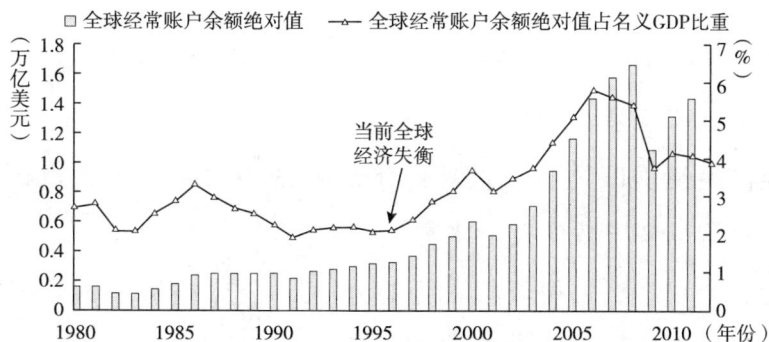

图 1-2　1980~2012 年全球经常账户失衡程度及其占同期名义 GDP 比重

注：World Economic Outlook Database 提供了 186 个国家（地区）的经常账户余额数据，但对于
数据缺失的国家，笔者默认其经常账户处于平衡状态。

数据来源：根据《World Economic Outlook Database, October 2012》计算而来。

另一方面，本次全球经济失衡中赤字方主要是美国，而盈余
方除了包含日本、欧元区、石油输出组织国（OPEC），还包含像
中国这样的发展中东亚经济体。图 1-3 显示了 2000~2009 年主要
失衡经济体的经常账户收支额。2008 年美国的经常账户赤字额较
2007 年出现小幅下降，2009 年较 2008 年更是出现约 40% 的降幅；
与此相对应，2009 年中国、日本等国的经常账户盈余也大幅减少。
但随着全球经济复苏，全球经济失衡是否会卷土重来甚至继续恶

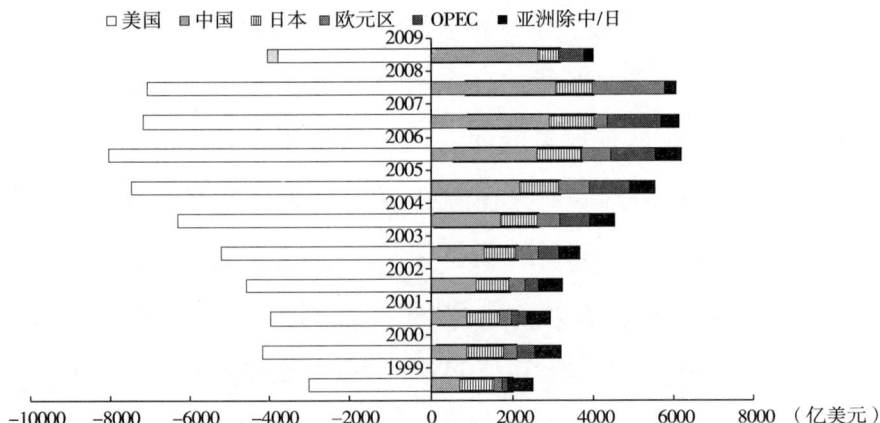

图 1 - 3 2000 ~ 2009 年世界主要失衡经济体的经常账户收支额
数据来源：the Bureau of Economic Analysis。

化？以金融危机为契机的全球经济失衡调整的持久性备受质疑。由此可见，即便是在经历了 2008 年至 2009 年的全球金融动荡后，全球经济失衡仍旧是当今世界经济运行的最主要特征，也因此成为国际机构、各国政府及学术界关注的焦点。

随着全球经济失衡规模的不断扩大，全球经济失衡愈发显得不可持续，全球经济失衡调整模式及其带来的风险、成本成为国际机构、各国政府及学术界关注的焦点。随着中国开放型经济的发展，中国经济与世界经济的联系日益紧密，外部均衡在宏观经济调控中的地位日益上升。作为当前全球经济失衡的盈余方，中国在国际上面临着人民币升值压力、贸易摩擦加剧的不利局面，在国内又备受贸易失衡带来的流动性过剩、货币政策独立性丧失的困扰。在此背景下，胡锦涛在十七大报告中明确提出，采取综合措施促进国际收支基本平衡，这也是促进中国国民经济又好又快发展的八项重点工作之一。

二　研究意义

全球经常账户失衡已成为当前世界经济运行的主要特征和面临的重要风险。全球经常账户失衡不断加深已给各国经济造成了持久而深刻的影响，并对世界经济持续发展带来了潜在风险和新的挑战，被称为"悬在全球经济上方的达摩克利斯之剑（Obstfeld和 Rogoff，2005）"。系统研究全球经济失衡调整路径、模式及其成本风险，必将推动对该问题理论认识的深入和发展，为制定科学的应对策略和措施提供研究资料，使全球经常账户失衡调整对中国的负面冲击最小化，这将有助于中国坚持互利共赢对外开放观，促进中国经济的持续发展与繁荣。

（一）研究的理论意义

一方面，全球化使得当今的全球经济失衡呈现出与以往不同的特征，表现得更加错综复杂；另一方面，随着理论的不断发展，借助精深的理论模型与计量工具，对当前全球经济失衡的认识也在不断深化。本研究成果有利于提升世界经济失衡理论研究水平，并为中国应对世界经济失衡调整提供一些理论上的支持。本书区别出世界经济失衡的渐进调整模式和激进调整模式，并分别给出具体识别标准，在此基础上比较不同的调整模式所对应的调整成本大小，深化了对世界经济失衡调整模式及其成本的认识；本书还探讨了中国在全球经济失衡调整中的作用，以及全球经济失衡调整对中国经济的影响，这为中国应对来自世界经济失衡调整的压力提供一些理论上的支持。

（二）研究的实践意义

造成当前世界经济失衡的原因是多方面的，不是一国或一个地区单方面的问题所致。同时，世界经济失衡调整带来的冲击和风险也是世界各国要共同面对的挑战。如果世界经济失衡问题不能得到妥善解决，各失衡经济体将无法就调整模式、机制达成一致，最终将导致世界经济失衡以贸易保护主义这种高成本的方式展开。研究世界经济失衡的调整问题，探索风险可控、成本最小的调整模式，有利于世界经济的稳定发展。

尽管当前学术界、各国政府对中国尤其是人民币升值在全球经济失衡调整中的作用，尚存在争议，但是现实经济中，人民币却承受了巨大的升值压力。本书通过研究中国在全球经济失衡调整中的作用，为国家发改委、商务部、人民银行和外交部等有关部门制定国内的相关政策、参与国际商务谈判提供理论依据和具有可操作性的政策建议。

随着外向型经济的发展，经常项目失衡已经深深影响到了中国经济发展中的诸多方面，对中国现有的经济增长方式、外贸发展模式提出了一系列新的挑战。因此，必须贯彻落实科学发展观，加快国内经济结构调整，促进经济增长方式和贸易增长方式的转变，合理统筹国内发展与对外开放，实施互利共赢的对外开放战略。本书的研究为中国促进国际收支基本平衡、促进经济的可持续发展提供有利的理论支持和实践指导。

三　相关概念界定

对全球经济失衡相关概念的理解，关系到本书的理论框架与内涵，因此有必要对相关概念进行界定。我们首先对全球经济失衡、全球经济失衡调整、全球经济失衡调整路径及模式的概念进行说明。

（一）全球经济失衡概念的界定

经常账户（或称为经常项目），是经常发生的国际交易，反映一国与外国之间实际资源的转移，也是一国国际收支平衡表中最基本、最重要的项目。经常账户包括货物、服务、收入和经常转移4个项目。它完整地体现了商品服务和投资收益流动情况，在一国国际收支中占有最重要地位。

从全球范围来看，经常账户赤字总额和经常账户盈余总额总是相等的。但从国别角度来看，如果某些国家处于经常账户赤字状态，而与此相对应，必然有国家处于经常账户盈余状态。全球经济失衡，也叫世界经济失衡、全球经常账户失衡。2005年IMF前总裁Rato第一次正式提出"全球经济失衡"的概念，即"一国拥有大量贸易赤字，而与该国贸易赤字相对应的贸易盈余则集中在其他一些国家"。在国际收支平衡表中，经常账户收支由货物、服务、收入和经常转移4个项目组成。由于对于大部分国家而言，贸易收支是经常账户收支的重要组成部分，往往一国的贸易收支失衡意味着其经常账户收支失衡。在实证文献中，通常用一国经常账户收支占GDP比重来衡量经常账户失衡规模。

（二）全球经济失衡调整

全球经济失衡调整，又称经常账户失衡的纠正或经常账户反转。在早期研究文献中，经常账户反转通常被用来指经常账户赤字的显著下降（MFR，1998）。随着对经常账户调整问题研究的不断深入，也有研究认为经常账户反转是指经常账户盈余的显著下降（IMF，2007）。综合来看，全球经济失衡调整分为经常账户赤字调整和经常账户盈余调整，分别指在一段时间内失衡经济体的赤字规模或盈余规模削减一定的百分比，是一国经常账户收支从失衡方向向平衡方向的变动过程，而一旦调整到可持续性水平，我们称之为实现了全球经济再平衡，或经常账户反转。在现实的经济生活中，由于人们往往担心赤字国的偿还能力，因而更关注赤字国赤字规模的削减；再者，从全球范围来讲，经常账户赤字规模的削减同时也意味着经常账户盈余的减少。本书从经常账户赤字削减的角度来研究全球经济失衡的调整路径、调整模式及其成本比较，以下经常账户调整皆指经常账户赤字调整。

（三）全球经济失衡调整路径

全球经济失衡调整路径即通过何种机制实现经常账户收支再平衡。分别从国际收支的弹性论、吸收法和资产组合理论视角出发，本书将全球经济失衡调整路径归纳为三种：汇率路径、储蓄率路径、金融深化路径。理论上讲，赤字国要恢复经常项目收支平衡，可以采取本币贬值、提高国内储蓄率和降低金融深化水平这三条路径。然而在当前金融一体化和不断深化的客观趋势下，通过降低金融深化水平来实现经常项目收支平衡，显然是不现实的。故而金融深化调整主要发生在盈余国内部，具体表现为盈余国通过提高金融深化水平，减少对外国资产的需求，从而实现经常账户盈余削减。由于本书主要从经常账户赤字削减角度来探讨全球经济失衡调整，因此我们重点探讨汇率调整路径和储蓄率调整路径。汇率调整路径，即支出转换路径，通过本币实际有效汇率贬值，使得进口商品和国内商品的相对价格发生变化，支出从进口产品转向国内产品从而实现经常账户反转；储蓄率路径，即支出削减路径，通过提高国内的储蓄率，降低支出水平实现经常账户反转，即支出削减路径。

（四）全球经济失衡调整模式

按照全球经济失衡调整完成时间的长短，将全球经济失衡调整分为两种模式：渐进调整和激进调整。经常账户赤字规模最高年份为第 t 年，则从第 $t+1$ 年开始调整。若在 1 年之内，即在第 $t+1$ 年完成调整，则称为激进调整；若在 2 年到 4 年之内完成调整，则称为渐进调整。

第二节 文献综述

鉴于全球经济失衡已成为当前世界经济运行的主要特征和面临的重要风险，学术界、政策制定者、国际机构对这一热点问题展开了研究，并形成了一些有价值的研究成果。本书在对当前有关全球经济失衡的文献进行梳理的基础上，紧紧围绕当前全球经济失衡的主要成因、可持续性及其调整展开论述，最后指出了目前研究的不足和有待进一步扩展之处。

一 当前全球经济失衡成因的理论解释和经验研究

对于当前全球经济失衡的成因，学者们见仁见智。有的从赤字方美国内部寻找原因，有的从盈余方亚洲新兴经济体内部探索成因，还有的从全球角度归纳原因；并且在各自的分析视角下形成了对当前全球经济失衡可持续性及其调整的不同看法。现按照各自分析视角的差异，对其中的主要观点进行分类归纳。

（一）汇率弹性视角

汇率弹性视角从汇率影响一国进出口贸易流量的角度出发，认为以中国为代表的新兴亚洲经济体通过低估本币汇率获得巨额贸易盈余，从而导致世界经济失衡。该观点的代表人物有美国前财政部长斯诺（2003）、Obesfeld 和 Rogoff（2005）、Ahearne 和 Williamson（2007）等。然而在现实经济中当前全球经济失衡对汇率调整并不敏感。这说明，汇率弹性论无法解释，或者无法完全解释当前全球经济失衡的原因。

（二）储蓄投资视角

储蓄投资视角以国民收支等式 CA = S – I（即经常项目等于储蓄减去投资）为分析基础，认为如果一国储蓄大于投资，则出现经常账户盈余；反之，则呈现经常账户赤字。按照分析对象不同，衍生出美国储蓄过低论和全球储蓄过剩论。

1. 美国储蓄过低论

根据美国储蓄过低论，美国公共部门和私人部门储蓄下降导致美国经常项目赤字。持该观点的学者有 Summers（2004）、Roubini 和 Setser（2004）、Rajan（2005）、Chinn（2005）、Faruqee（2007）等。Summers（2004），Labonte、Clarida 和 Dooley（2005）则指出美国储蓄严重不足是推动经常账户不断走高的内在动力。

Summers 明确提到"美国在过去 50 年里面临的最严重问题是低国民储蓄，从而长期依赖外国资本维持经常账户逆差"，并进一步指出如果经常账户逆差是为投资融资时，情况可能并不复杂，但是当持续扩大的经常账户逆差是为消费融资时，经常账户逆差便难以为继。

其中，对于财政赤字和经常项目赤字的关系，研究者还提出了"双赤字说"，认为任何减少公共储蓄的财政赤字扩张必然导致经常项目赤字。但是 Miranda（2007）指出的"双赤字说"不可信服，首先，它与美国低利率的现实不相符；其次，无法解释为何美国贸易赤字自 1993 年以来不断增加，而美国的财政赤字到 2001 年才开始上升。至少，美国低储蓄论无法完全解释当前的全球经济失衡。

2. 全球储蓄过剩论

伯南克（2005）首先提出全球储蓄过剩论，认为过剩的全球储蓄流入美国，导致美国需求增加、储蓄下降，呈现经常账户赤字。该观点强调近十年来诸多因素共同导致除美国之外的经济体储蓄率的上升，比如工业化国家的人口老龄化问题；亚洲新兴经济体大量的外汇储备；石油输出国飙升的石油出口收入等。随着全球储蓄过剩论的兴起，东亚尤其是中国的高储蓄问题再次引起了学术界的关注。除了以往研究中强调的金融深化水平、人口因素、社会保障水平、文化等因素，不少学者从新的角度来探讨东亚的高储蓄率现象。Chamon 和 Prasad（2008）认为巨额教育、住房和医疗支出带来的压力是中国储蓄率持续上升的主要原因。Wei 和 Zhang（2009）发现中国家庭中人口结构，尤其是性别比例是造成家庭储蓄居高不下的重要原因。Sun（2010）的研究发现，不同模式的收入增长对储蓄率的影响不尽相同：由生产率提高导致的收入上升会增加储蓄率；而劳动力流动带来的收入上升会减少储蓄率。Qingyuan（2010）构建了经常账户的性别失衡模型，认为在男女比例失调的国家，面对激烈竞争的婚姻市场，男性倾向于提高储蓄，从而导致整个社会储蓄率增加、经常账户出现盈余。Wen（2011）指出，近年来随着医疗成本和生活成本的上涨，中国家庭消费支出需求的不确定性也日渐提高。朱超和张林杰（2012）则指出老年化经济体将经常账户视为储蓄的国际缓冲池和中转地以应对人口结构的变动。

Richard Ports（2009）批判伯南克的全球储蓄过剩论太过简单：从全球范围来讲，一个地区的储蓄过剩必定对应另一个地区的需求过度，但是如果不能明确两者之间的因果关系，前者就无法解释后者。同时，由于受历史文化等因素影响，东亚的储蓄率一直偏高，并不是近十年才出现的。在美国储蓄过低论盛极一时之际，身为美联储主席的伯南克抛出全球储蓄过剩论之说，不免有将矛头指向他国，避免美国独自承担调整责任之嫌。

与伯南克一样，Dooley、Folkerts–Landau 和 Garber 提出的"复活的布雷顿森林体系论"也将全球经济失衡归因于新兴经济体的高储蓄率。Dooley et al.（2003，2004a，2004b）认为，美国巨额的经常账户逆差和迅速上升的对外债务，靠亚洲国家贸易顺差和外汇储备来弥补的这一循环格局构成了世界经济新的动态均衡模式，当前国际货币体系实际上是布雷顿森林体系的"复活"。根据该观点，亚洲储蓄增加是政府追求出口导向战略的结果。这与伯南克的全球储蓄过剩论一致。Dooley et al. 关于复活的布雷顿森林体系的大胆构想引起了学术界的极大兴趣和争论，但是缺乏实证支持一直是该学说的最大软肋。

（三）全球资产组合视角

全球资产组合视角的主要观点是，在金融全球化的背景下，由于新兴经济体内部金融市场欠发达、金融资产短缺，导致其对美国资产需求上升，这是构成当前全球经济失衡的主要原因。Willen（2004）在一个两期模型中证明，一国金融市场的"不完全"程度越高，该国的储蓄率也就越高，从而导致全球失衡的产生。Blanchard、Giavazzi 和 Sa（2005）的研究表明，美国对他国商品的需求和他国对美国资产的需求是美国经常账户赤字背后的原因。Mendoza、Vincenzo 和 Jose – Victor（2007）建立了一个基于不完善资本市场的动态一般均衡模型，校准和模拟的结果表明，当各国的金融深化水平不同时，金融一体化会导致长期、大规模的全球经济失衡：具备发达金融市场的国家会减少储蓄，累积大量的净对外债务；金融深化水平的不同也会影响各国持有的国外资产组合，处于负净国际投资头寸（Net International Investment Position，NIIP）的国家会拥有净股权和 FDI 净流入。Caballero、Farhi 和 Gourinchas（2008a）构造了一个资产需求和供给模型，说明了欧洲的低经济增长率、亚洲欠发达的金融市场分别对全球资本流动、利率走势和投资组合分配的影响，从而解释了全球经济失衡、利率持续走低和资本流入美国的原因。国内学者祝丹涛（2008）、王自峰（2008）、李俊青（2008，2010）等也讨论了金融体系效率对全球经济失衡的影响。

（四）全球分工论

张幼文（2006）指出目前全球分工进入要素合作阶段，其主要特征是资金等高级要素流动，一方面，FDI 使中国及其他亚洲引资东道国集聚了大量生产要素，利用其低劳动力成本进行生产和出口，表现出贸易顺差；另一方面，跨国公司构造全球的低价供应平台，使美国等母国的需求增加而不带来通胀的上升，美国从国际投资中更多获利，财富增长，从而导致更高的消费和贸易逆差。徐建炜和姚洋（2010）构建了一个金融市场—制造业显示比较优势指标体系，该指标体系反映了当前国际分工的特点，即以美国、英国为首的部分发达国家逐渐形成以金融服务为比较优势的经济结构，以德国、日本和中国为首的后起之国则形成以制造业为比较优势的经济结构。他们将该指标体系纳入经常账户收支的实证模型中，从国际分工的角度考察了全球失衡问题，回归结果表明，国际分工效应引起的一个主要变化是：制造业的相对发达容易导致经常账户盈余，金融市场的相对发达容易导致经常账户赤字。全球分工论从供给的角度，在国际分工的背景下，深入当前的贸易盈余国中国内部的经济发展结构，解释了当前全球经济失衡的原因。

（五）统计失效论

统计失效视角认为传统的经济学分析方法和统计方法无法准确反映真实的经济运行状况；但如果选用适当的计量方法、考虑无形资产交易，当前的世界经济失衡并非像官方数据显示的那么严重。Cooper（2005）指出，如果选用适当的方法计量一些耐用消费品、教育和研发等具有储蓄含义的支出，美国的储蓄率其实并不低，足以支持未来经济的健康增长，吸引其他国家继续投资于美国，为美国的经常项目融资。Hausmann 和 Sturenegger（2006）

认为，现行的经常项目统计没有完整地计量美国净资产的变化，如果将对外直接投资中的无形资产流出、保险交易和跨国的流动性服务的收益计算在内，美国并不存在经常项目的失衡。陈继勇和胡艺（2007）将无形投入和无形资产的跨国流动纳入传统的统计体系，其结果表明世界经济失衡并非像官方数据显示的那么严重，失衡在一段时间内是可持续的。

如上，在不同的分析视角下，对当前全球经济失衡主要成因的认识可谓众说纷纭。故而不少研究针对当前全球经济失衡主要成因的各种观点进行了实证检验，其思路基本一致：将经常账户赤字占 GDP 之比作为被解释变量、将可能的成因所代表的经济指标作为解释变量纳入实证模型，考察各系数的显著性，以验证有关当前全球经济失衡主要成因的各种观点是否成立。Chinn 和 Prasad（2003）考察了 1971～1995 年政府财政赤字、对外资产净额、人均 GDP、经济增长率以及开放度等因素对被解释变量的影响。Gruber 和 Kamin（2005）在 Chinn 和 Prasad（2003）研究的基础上纳入一些新的解释变量，例如金融危机、政府制度的质量等。Chinn 和 Ito（2005）扩展了 Chinn 和 Prasad（2003）的研究，重点考察了经常项目与金融发展和制度的关系。国内学者张建清和张天顶（2007）结合有关当前全球经济失衡主要成因的探讨，还考察了资本形成率、金融深化水平等多种经济因素对经常项目失衡的影响。以上实证检验结果表明，诸多因素都不同程度地、或多或少地对当前全球经济失衡起作用。随着有关全球经济失衡成因的理论研究和实证研究不断深入，越来越多的学者认为当前的全球经济失衡是由多方面的因素造成的，例如 Hamid（2005）、Mendoza（2007）、李俊青和韩其恒（2010）、Pesenti（2010）。Hamid

（2005）将当前全球经济失衡归因于各主要失衡经济体的不同特征：美国巨额的财政赤字和低水平的私人储蓄率；新兴经济体出口竞争力的提高、对美国资产需求的增加、强有力的生产率增长；日本和欧元区缓慢的生产率增长。李俊青和韩其恒（2010）认为全球经济失衡的成因从最强到最弱的排序依次是：资本市场的完全性减少、两国贫富差距的增加和单边盯住的汇率政策。这充分说明，必须从一个更广阔的视角来认识当前全球经济失衡的成因。

正如 Eichengreen（2005）、Charles Engel（2006）所评述的，人们对当前全球经济失衡的认识如同盲人摸象：虽然每一种观点都有一定的理论依据和现实价值，但仅以其中的某一个观点单独去解释全球经济失衡，却又不够充分，只有综合起来才能全面地解释当前的全球经济失衡。

二 有关当前全球经济失衡可持续性的争论

（一）可持续性（sustainability）的定义及其衡量方法

1. 可持续性的定义

很多研究涉及经常账户赤字的可持续性，但是没有明确定义"可持续性"。由于经常账户不仅受国内公共部门和私人部门的储蓄、投资行为影响，还受外国投资者借贷决策的影响；所以除了纯粹的跨期偿付能力之外，外资的可获得性及市场的完善程度也会影响经常账户失衡的可持续性。Razin（1996）还指出，在评价一国外部失衡是否可持续时，不应该仅仅只评价其偿付能力，还应该考虑偿还意愿与借贷意愿。经常账户的可持续性指的是，在当前政策取向、消费者行为不发生剧烈转变的前提条件下，一经

济体的经常账户赤字在长期内仍能满足其跨期预算约束的一种
状态。

2. 可持续性的衡量方法

根据已有的研究成果，本书归纳出三种衡量经常账户赤字可
持续性的方法，即临界值法、将可持续性与一系列经济指标相联
系的方法和新开放宏观经济学中的跨期方法。

经验研究表明，当工业化国家的经常账户赤字占该国 GDP 的
比重超过 5%，尤其是当赤字的融资途径有可能迅速逆转时，通常
就会发生经常账户反转，如 Razin（1996）、Mann（1999）、Freud
（2000）等。据此，传统理论将经常账户赤字占 GDP 之比是否超过
5% 作为可持续性的临界点，认为一旦经常账户赤字占 GDP 之比超
过 5%，就应该引起警惕。

Razin（1996）指出，"经常账户赤字占 GDP 之比是否超过
5%"，并不足以判断经常账户的可持续性，经常账户赤字是否可
持续与该国各方面的经济状况、制度乃至政治局势等相关。据此，
第二种衡量经常账户赤字可持续性的方法是借助一些相关指标如
外债规模及组成、财政收支、储蓄投资水平、经济增长率、贸易开
放度、资本市场开放度、汇率制度、政治稳定性、市场预期等来
判断。

第三种衡量经常账户赤字可持续性的方法是跨期方法。新开
放宏观经济学强调经常账户的跨期特性：由于经常账户收支等于
储蓄减去投资，而储蓄、投资分别是基于生命周期假说、投资预
期回报率的跨期行为，故经常账户也具有跨期性。跨期分析方法
的一个重要结论是，如果经常账户赤字是由投资增长引起的，则
不必为其可持续性担心。这又分为两种方法：结构模型和向量自

回归模型。

　　但是一些学者如 Ogaki、Ostry 和 Reinhart（1995），Gosh 和 Ostry（1997），Nason 和 Rogers（2003）发现，跨期模型所推出的外债比和赤字比是不现实的，即经常账户跨期模型经不起现实经济数据的检验，这引起了国际经济学界更为深入的探讨。有学者指出，跨期模型假定国民储蓄的变化完全反映在经常账户收支的变动中，但是当投资者关心收益和风险时，储蓄的增减就不会完全转化为经常账户的变动。据此，后续不少研究通过引入更加严格的假设条件如调整成本、借贷约束等，使模拟出的经常账户路径更接近现实。还有一些学者如 Kraay 和 Ventura（2000，2002）、Ventura（2003）、Lane 和 Milesi - Ferreti（2002，2003）也对传统的跨期模型做了一些修改，强调一国的净国外资产及资产组合决策在决定经常账户状况中起重要作用，而且由汇率变动导致的"估值效应"[①] 也会影响经常账户调整。

（二）有关当前全球经济失衡可持续性的两种不同观点

　　目前对全球经济失衡的可持续性及其所带来的风险持乐观态度和悲观态度的人都不占少数。乐观者认为失衡能无限制地持续下去。但是也有许多学者持悲观和警示的态度，他们担心美国日益增加的经常账户赤字会引发资本流入"突然停止"。另外，还有部分学者认为，当前的全球经济失衡是不可持续的，但是资本流

---

　　① 估值效应（value effect）即由汇率和资产价格等因素的变化所导致的一国净国际投资头寸的市场价值变化，如美元贬值对美国的净国际投资头寸产生有利影响，因为它提高了主要是以外币标价的资产的美元价值，而以美元标价的负债却未受影响。

入"突然停止"不会发生在美国。

1. 可持续论

不难看出，按照复活的布雷顿森林体系论和全球资产组合说，在当前全球经济失衡中无论是赤字国还是盈余国都各取所需，因而当前的全球经济失衡是某种可持续的均衡。持可持续论观点的人还有美国前财政部长保罗·奥尼尔（Paul O'Neill）、Cooper 等。保罗·奥尼尔认为，美国具备全球最好的投资机会，所以资本会源源不断流入美国。Cooper（2001）指出，美国拥有全球最发达的资本市场，美国经常账户赤字是全球投资组合多样化的结果。Ventura（2001）提出，通过最优投资组合分配，利用理想的杠杆比率，美国可以永久地维持经常账户赤字。还有部分学者基于当前各国资产组合状况：即他国持有的美国资产主要以美元标价，而美国持有的他国资产主要以美元以外的其他货币标价；由于美元的估值效应即美元贬值会改善美国的 NIIP 地位，市场参与者不可能大幅打压美元汇率。

2. 不可持续论

Roubini 和 Sester（2004）、Obsfeld 和 Rogoff（2000，2004）指出，当前全球经济失衡已严重威胁到全球经济和金融稳定，将导致破坏性的调整，即美元汇率无序贬值，美元资产价格大幅下跌、流入美国的资本骤然下降，引起利率上升和美国需求下降，最终导致美国乃至世界经济增长减缓或衰退。Edwards（2005）认为，虽然美国拥有储备货币地位和发达的资本市场，但利用 Probit 模型的研究结果表明：在过去的几年中，由于美国经常账户调整的几个重要决定因素例如总外债、财政赤字和经常账户赤字规模不断恶化，所以美国经常账户反转的概率在逐渐增加；而且即使假定未来五年外国投资者对美国资产的净需求翻倍，在不远的将来，美国经常账户仍会经历显著调整。Charles Engels 和 John H. Rogers（2006）建立了一个长期世界均衡模型，其中一国未来 GDP 占全球份额的折现值比上目前 GDP 占全球的份额决定了该国的经常账户状况，其研究结果表明，美国的经常账户赤字处于不可持续的路径上。姚枝仲和齐俊妍（2006）认为，由于美国 2004 年 7.5% 的对外净债务增长率高于 6.5% 的名义 GDP 增长率，这说明美国的对外净债务与 GDP 的比率仍将继续扩大。在对外支付的利率高于 GDP 增长率的情况下，对外净债务与 GDP 的比率将会无限扩大。如此一来，美国的对外净债务是不能持续的。Eichengreen（2006）认为，假定美国 GDP 年均增长 5%，经常账户赤字占 GDP 之比维持在目前的 6% 到 7.5%，则美国净外债占 GDP 之比将达到 100% 到 150%，这意味着美国陷入"资不抵债"的境地，故美国目前的失衡状态是不可持续的。Cline（2007）指出，将美国大额外部赤字视作良性的、允许其无限扩大（或者长期处于目前状态）是错误的，并给出了三个理由：第一，如果市场对美元失去信心，将存在"激进调整"的风险；第二，即使"激进调整"没有发生，若经常账户的调整延迟至十年甚至更久以后，这将导致未来经常账户的调整幅度更大，将给消费者带来更为沉重的负担；第三，贸易赤字可能导致贸易保护主义，而贸易保护主义是效率最低、成本最高的削减贸易赤字的方式。张明（2007）也认为，无论是从资源配置的角度来看，还是从当前全球经济失衡背景下东亚国家由于积累外汇储备带来的风险成本角度来看，当前的全球经济失衡都是不可持续的。

（三）对两种观点的评述

白晓燕（2009）分析表明，中国等新兴经济体的汇率体制变化、美元的持续贬值、2007 年部分国家初现端倪的储备多元化趋势等增强了复活的布雷顿森林体系的不稳定性，单一货币主导的国际货币体系格局很难持续。Richard Portes（2009）也指出这两类观点忽略了一个现实：全球经济失衡给美国带来了流动性过剩，在低利率、寻求收益的刺激下，金融衍生产品泛滥，一些不完善的金融工具涌现，最终酿成美国次贷危机。Caballero et al.（2008b）、中国经济增长与宏观稳定课题组（2009）分别建立起当前世界经济失衡与全球金融危机的数理模型，将全球经济失衡导致的流动性过剩与全球金融危机联系起来。

美国前财政部长奥尼尔认为由于美国拥有全球最好的投资机会，资本会源源不断流入美国为其经常账户赤字融资。如果该观点在保罗·奥尼尔任职之前的 20 世纪 90 年代还有些说服力，那么在 2001 年新技术泡沫破灭后，美国的投资急剧下滑，该观点则无法让人信服。在过去的几年中，美国日益增长的经常账户赤字是由公共部门和私人部门消费的增长引起的，而非源于投资的增长。

Ventura（2010）认为通过最优投资组合分配，美国可以永久地维持经常账户赤字。但是，国外投资者追求高回报率的理论却与事实不符，因为外国投资者倾向于投资低收益的美国国债。这个观点虽然在理论上可行，但是不适用于一个由净债权国转化为净债务国的国家；同时也不符合美国经常账户赤字增加而国内投资没有上升的现实。

可持续论或者忽略了近十年来流入美国的资本并没有进入生

产部门，而是为消费和财政赤字融资的事实；或者是夸大了美国资本市场的发达和完善程度，次贷危机的爆发充分说明了美国资本市场远没有想象中的那么健全，也将人们对资本能否持续不断流入美国为其经常项目赤字融资的担忧变成事实。

综合来看，当前全球经济失衡是不可持续的，必然会经历调整。根据 IMF《世界经济展望 2005》，"问题不是全球经济失衡是否需要调整，而是如何调整"，目前最重要的是，采取有效调整方式使调整成本最小化。

三　有关全球经济失衡调整的研究综述

有关全球经济失衡调整的研究内容主要围绕以下几方面展开：全球经济失衡调整的影响因素、全球经济失衡调整的路径、全球经济失衡调整的成本；其研究方法主要是动态随机一般均衡模型和事件分析法。以 IMF 的全球经济模型（Global Economy Model，GEM）和 Fed's（SIGMA）为代表的动态随机一般均衡模型，在新的宏观经济学模型框架内进行分析，提供了一个严谨的、理论层面的探讨平台，但他们就有关财政赤字对外债累积、经常账户收支的影响也常常得出不同的结论。之所以得出不同结论，部分是因为模型行为方面的差异，部分是由于模拟的假设条件不一样。事件分析法是另外一种研究经常账户变动的方法。事件分析法又主要分为两种：描述性统计法和跨国面板回归法。Croke et al.（2006）、Freund 和 Warnock（2007）、Debelle 和 Galati（2005）等利用事件分析法，考察了发达国家经常账户赤字调整经验。

（一）影响经常账户反转的因素研究

一些学者采用经验研究法，以过去发生的经常账户反转为样本，探讨影响经常账户反转的主要因素。Milesi - Ferretti 和 Razin（1998）是第一个系统研究经常账户调整的决定因素的学者，他们采用了 Eichengreen、Rose 和 Wyplosz（1995）的方法，将他们研究货币危机的方法运用到研究经常账户调整。受 1997 ~ 1998 年亚洲金融危机启发，Milesi - Ferretti 和 Razin（1998）考察了发展中国家经常项目赤字的调整问题，研究结果表明，国内经济变量和外部经济变量在解释经常项目赤字反转时发挥了重要作用，而且经常项目赤字反转更容易发生在那些外贸长期处于赤字、国际储备较低、贸易条件恶化的国家。Freud（2005）将该方法运用到对工业化国家的研究方面，采用 1980 ~ 1997 年 25 个调整时间的数据集，她发现当经常账户赤字占 GDP 之比达到 5% 时，就会发生经常账户调整。放缓的经济增长、实际汇率贬值 10% 到 20% 是调整的最主要驱动力。加强实际出口增长、减少投资增长和平衡预算也是调整的一部分。这些发现表明，在工业化国家的经常账户调整很大程度上是经济周期的表现。Freund 的 Probit 分析并不能很好地识别出经常账户反转的指标，导致该作者认为经常账户反转的时刻是很难预测的。Edwards（2004）采用处理效应模型（treatment effects model）和 Probit 等式研究，结果表明经常账户反转受多种因素影响，包括滞后一期的经常账户收支占 GDP 之比、外债占 GDP 之比、国际储备数量、国内信贷水平、对外债务。张建清（2008）在确定经常项目调整的事后标准基础上，采用离散选择 Probit 模型，实证研究表明，固定资本形成对经常项目调整具有显著的负效应；政府财政收支、贸易条件变化、开放度以及官方储备对经常项目调整具有显著的正向作用。以上的实证研究再次证实了 Razin（1996）的研究结论，即一国经常账户赤字是否可持续取决于一系列的经济指标。

金融变量和突然停止的作用。有几个作者试图将经常账户调整和突然停止联系起来。突然停止是指，资本流入突然大幅度减少，Calvo et al.（2004）、Calvo 和 Talvi（2006）对此做了研究。Edwards（2005）也发现，在存在大额经常账户赤字的前提下，突然停止增加了经常账户调整的可能性。De Haan et al.（2006）表明，较高的金融开放度会降低 OECD 国家经常账户调整的概率。Freud 和 Warnock（2006）研究了金融性资本流动的组成，但是并没有发现它和经常账户调整之间存在系统相关关系。Debelle 和 Galati（2005）考察了金融性资本流动的作用，强调金融账户变量有助于解释一国拥有大量经常账户赤字而不发生经常账户调整的原因。

Kimberley（2010）的研究结论表明，以下五个因素能极大地解释最近 CA 收支的变动：美国消费、储蓄率的调整；全球金融形势的缩紧；发达国家预期生产率水平的下降；全球范围内财政刺激政策的实施；消费者和企业信心的下降。

（二）全球经济失衡调整的路径

从汇率弹性视角出发，不少学者探讨要实现某种程度的经常账户收支平衡，美元实际汇率所需的贬值幅度；然而，从现有研究来看，对汇率在全球经济失衡调整中的作用一直存在着争议。Obstfeld 和 Rogoff（2000）假定贸易品产出占 GDP 的份额是 25%，建立小国开放经济模型，得出结论：若消除经常账户赤字，则美

关的实证文献得出了不同的结论。以 Milesi - Ferreti 和 Razin（2000）为代表，利用跨国回归、事前和事后分析方法等得出结论，反转确实使得宏观经济产生实质性变化，但是并不一定导致经济增长下降；而 Edwards（2002）利用动态面板回归方法分析得出结论，经常账户反转对投资会产生负面影响，进而影响经济增长，即使是在控制投资变量后，经常账户反转对经济增长也有负面影响。

另外，不少学者探讨影响调整成本高低的因素。Edwards（2004）分析了汇率机制、美元化与反转成本之间的关系，其研究表明：实行固定汇率制度的国家较实行浮动汇率制度的国家面临的调整成本要高；背负巨额美元债务的国家，反转对其负面影响更大。Calvo、Izquierdo 和 Mejia（2004），Frankel 和 Cavallo（2004）发现，较开放的国家会面临较小的调整成本。但是这些研究没有区分调整国是大国还是小国，也没有区分一国的开放度是贸易开放度还是金融开放度。Edwards（2005）为了弥补该缺陷，在研究中纳入两个交互项：反转和贸易开放度、反转和国际资本流动指标，其实证结果表明：于大国而言，贸易开放度越高，经常账户反转对经济增长的负面影响越大；而金融开放度越高，经常账户反转对经济增长的负面影响越小。

不少文献都意识到调整事件的多样性，但几乎没有学者明确将调整分组。

1. 区分高增长调整和低增长调整

Crole、Kamin 和 Leduc（2005），IMF（2007）选择工业化国家中实际 GDP 增长排名靠前和靠后的国家作为样本。Crole 等发现，GDP 增长率低的国家并未出现汇率、利率和资产价格的大幅波动。

IMF 发现，如果一国 GDP 增长较慢，实际汇率将小幅贬值；反之，如果一国 GDP 增长较快，实际汇率将出现大幅贬值。

2. 区分出口导向和进口驱动调整

Guidotti et al.（2003）探讨在调整期间新兴市场和发展中国家的进口、出口表现。他们认为，较强的出口增长是新兴亚洲经济体调整的主要驱动力，而放缓的进口增长是拉丁美洲调整的主要驱动力。作者把这种区别归因于结构因素，即越封闭、负债越高的经济体越倾向于通过削减进口来实现经常账户调整。

3. 区分大国和小国

Edwards（2005c）发现经常账户调整对大国经济增长的影响更不利。

4. 区分调整门槛

Clarida、Goretti 和 Tayor（2006）识别出不同国家经常账户调整的门槛值，即一旦经常账户占 GDP 之比超过该值则向均衡方向回归。将该方法运用到 G7 国家，他们发现国家间的门槛值是不同的，波动范围从美国的 0.18% 到加拿大的 4.05%。

以往研究存在以下不足：第一，在给出全球经济再平衡具体度量标准时，大多没有具体定义初始经常账户赤字的规模；第二，在完成全球经济再平衡所需时间方面，没有区分渐进模式和激进模式。本研究旨在弥补以上不足：在识别全球经济再平衡时，为了凸显再平衡的必要性，规定初始经常账户赤字规模应大于该国在样本期间经常账户收支的中位值，大于该年份全球经常账户收支中位值；根据再平衡完成时间的长短，区分出激进再平衡模式和渐进再平衡模式，并比较两种调整模式的成本差异。

这些研究都强调了经常账户调整对宏观经济、金融稳定产生的影响。本书在前人研究的启发下，强调经常账户调整的多样性，将经常账户调整按调整路径、调整模式分类，运用统计方法检验分类的稳健性，相关的实证研究也表明，分类是富有经济意义的。全球经济失衡调整路径、模式不仅仅是内生的，也是相关经济体自我选择的结果。不同的调整路径、调整模式对各失衡经济体乃至世界经济产生不同的影响。通过对历史上全球经济失衡调整模式、调整路径的探索，以期对当前全球经济失衡调整提供借鉴与启示。探索风险可控、成本最小化的调整路径、调整模式是本书的初衷。

第三节　本书的研究思路、结构安排与研究方法

一　本书的研究思路

在前人研究的基础上，本书将以经常项目收支理论为基础，按照全球经济失衡调整机制和调整完成时间长度，将全球经济失衡调整划分为三种路径、两种模式。继而，以全球经济失衡的三种调整路径和两种调整模式为出发点，比较不同的调整路径、调整模式所对应的成本大小，在此基础上进一步考察全球经济失衡调整对中国经济的影响，并对中国应对全球经济失衡调整提出对策建议。

二　本书的结构安排

绪论阐明了本书的研究意义，并界定了相关概念；分别从当前全球经济失衡的原因、全球经济失衡的可持续性以及全球经济失衡调整三个方面对相关研究作了综述；介绍本书的研究思路、

结构安排，并提出本书的研究方法；说明了本书的理论框架与一些创新之处。

第二章梳理了经常账户收支理论。经常账户收支理论的发展经历了从古典学派的自动调节机制向动态的稳定均衡分析的转变，本章按经常账户收支发展阶段选取了代表性的经常账户收支进行述评。

第三章介绍了当前世界经济失衡现状，并利用跨国面板数据对当前世界经济失衡产生的原因进行实证分析。

第四章从有关全球经济失衡调整的理论研究出发，指出全球经济失衡调整的三条路径即汇率调整、储蓄率调整和国内金融深化水平调整；利用非参数检验对全球经济失衡调整的路径进行经验分析。

第五章界定了全球经济失衡的两种调整模式即渐进调整和激进调整，并利用多元 Logit 模型研究影响全球经济失衡调整概率的因素，这些因素包括一国的经常账户赤字规模、汇率制度、贸易开放度、金融开放度等。在此基础上考虑全球经济失衡调整模式的内生性，建立处理效应模型，探讨并比较不同的调整模式对应的调整成本。

第六章分析了金融危机背景下全球经济失衡调整。首先介绍了金融危机背景下，主要盈余国和赤字国经常账户调整动态；其次分析了金融危机背景下全球经济失衡调整的原因；在此基础上，利用 VAR 模型对美国经常账户赤字发展趋势进行了预测。

第七章论述了国际经济协调在当前全球经济失衡调整中的必要性，研究了 IMF、G20、WTO 在全球经济失衡调整中的作用。

第八章论述了中国在当前全球经济失衡中的角色，研究全球经济失衡调整对中国经济的影响，在此基础上提出中国应对全球经济失衡调整的建议。

三 本书的研究方法

（一）规范分析与实证分析相结合

在梳理经常项目收支理论的基础上，归纳出全球经济失衡调整的三条路径即汇率调整、储蓄率调整、金融深化水平调整，并用非参数检验对 1980～2009 年 90 个经济体的经常账户反转进行经验分析。本书将 1980～2009 年 90 个经济体中发生的经常账户收支再平衡作为处理组（treatment group），并构造一组未经再平衡的控制组（control group），利用卡方检验分析处理组和控制组的汇率、储蓄率、金融深化水平是否一致，来判断本币汇率贬值、储蓄率上升、金融深化是否是全球经济再平衡的路径。

同时本书还用数理方法建立实证模型，用多元 Logit 模型、异质性处理效应模型、不平衡的面板回归等计量方法研究全球经济失衡调整的概率及其成本。

我们用对经济增长率的影响来衡量全球经济再平衡的成本，每个事件 i 存在三种潜在的结果（Y_{2i}，Y_{1i}，Y_{oi}），Y_{2i} 表示发生激进再平衡时的经济增长率，Y_{1i} 表示发生渐进再平衡时的经济增长率，Y_{oi} 表示没有发生再平衡时的经济增长率。这样 $Y_{2i} - Y_{oi}$、$Y_{1i} - Y_{oi}$、$Y_{2i} - Y_{1i}$ 就是处理效应（treatment effect）。显然，这是一个数据缺失问题（missing data problem），因为任何事件只能处于一种状态。处理效应模型可以解决以上问题。本研究采用处理效应模型研究不同再平衡模式的成本，并分别利用两阶段法和最大似然估计法给出稳健的实证结果。

（二）归纳与演绎相结合

要研究全球经济失衡调整的两种模式、三条路径，并提出中国应对全球经济失衡的政策建议，就离不开传统的归纳方法和演绎方法。本书运用归纳法和演绎法的方向始终是探索全球经济失衡调整模式和中国应对策略需要的经验和理论原则。

（三）理论分析与政策分析相结合

本书以经常项目收支理论为出发点，对全球经济失衡调整路径进行了理论分析，又结合前面的理论分析研究了中国应对全球经济失衡的对策，增添了本书理论研究的政策内涵和实际意义。

第四节　本书的理论框架、创新与不足

一　本书的理论框架

潘国陵（2000）通过严密的数学推导得出了经常项目收支动态方程和国外净资产动态方程，由此提出了一种新的经常项目收支分析方法。焦武（2009）在潘国陵（2000）纯粹理论推导模型研究的基础上，通过放松模型原假设条件和对模型进行重大修正，使其更符合中国经济现实，从而拓展了该模型。焦武（2009）从两个方面对模型进行了修正和改进：第一，原模型暗含一国国外净资产可全部化为直接投资，焦武（2009）对其作了拓展，将一国国外净资产分为直接投资和间接投资；第二，允许汇率浮动。但是焦武（2009）

在模型求解过程中，却存在明显的错误，用常数系数和常数项的一阶线性微分方程的特殊情况替代已经设定浮动汇率的可变系数和可变项微分方程。潘国陵（2000）开创的经常项目收支动态方程，揭示了经常项目与储蓄率、汇率等经济要素之间的关系，同时还给出了经常项目调整和经济增长之间的关系。考虑到本书的研究需要，本书对潘国陵（2000）原模型作了如下扩展：第一，放松固定汇率假设，研究浮动汇率制下的经常项目收支动态方程，同时纠正了焦武（2009）错误的一阶微分方程解法；第二，拓展了汇率调整时间与调整成本之间关系的研究。

国际收支平衡表主要由经常项目、资本和金融项目、储备资产组成。各国之间在交换物品的同时，也是在交换资产。由于国际收支平衡表永远是平衡的，即贷方必等于借方，那么，经常项目差额必等于国外净投资（$CA = If$）。国外净投资是本国持有外国资产的增量与外国持有本国资产的增量之差。从收入和支出的角度，考虑开放经济条件下的国民收入恒等式：

$$Y^* = C + I_d + G + (X - M) + NFP \equiv C + T + S_p \qquad (1-1)$$

其中，Y^* 为国民收入（GNP），C 为私人消费，I_d 为国内私人投资、G 为政府支出，$(X - M)$ 代表贸易收支，NFP 表示来自海外的净要素收入，T 为政府税收，S_p 为私人（居民和企业）储蓄。经常账户余额（CA）等于贸易收支加上来自海外的净要素收入，即

$$CA = TB + NFP \qquad (1-2)$$

将式（1-2）代入式（1-1），可得

$$CA = (T - G) + S_p - I_d = (S_g + S_p) - I_d = S - I_d \qquad (1-3)$$

其中，S_g 表示政府储蓄，S 为一国总储蓄，它等于私人储蓄（S_p）和政府储蓄（S_g）之和。将式（1-3）移项得

$$S = I_d + CA + I_d + I_j = I \tag{1-4}$$

用 s 代表一国国民储蓄率（$0 < s < 1$），Y 代表一国国内总产出，R 代表汇率（直接标价法），F 表示一国的国外净资产（以外币表示），ρ 表示国外净资产产出率，则式（1-5）可表示一国国民储蓄。

$$S = sY^* = s\ (Y + \rho RF) \tag{1-5}$$

用 K 表示国内资产存量净值，然后设定

$$\sigma = \frac{Y}{K} \tag{1-6}$$

$$g = \frac{1}{Y} \cdot \frac{dY}{dt} \tag{1-7}$$

式（1-6）中，σ 代表国内净资产产出率，g 代表国内总产出增长率，同时设定 σ、g 为不随时间变化的常数。将式（1-6）变形得

$$K = \frac{Y}{\sigma} \tag{1-8}$$

对式（1-8）两边求导，得

$$\frac{dK}{dt} = \frac{1}{\sigma} \cdot \frac{dY}{dt} \tag{1-9}$$

将式（1-7）代入式（1-9）后得

$$\frac{dK}{dt} = \frac{1}{\sigma} \cdot gY \tag{1-10}$$

求解式（1-7），该一阶齐次微分方程的解是

$$Y = Y_0 e^{gt} \tag{1-11}$$

其中，Y_0 是 $t = 0$ 时，Y 的初值。将式（1-11）代入式（1-10），得

$$\frac{dK}{dt} = \frac{1}{\sigma} \cdot g Y_0 e^{gt} \tag{1-12}$$

对于国内资本存量 K，有等式

$$I_d = \frac{dK}{dt} + \theta K \tag{1-13}$$

在式（1-13）中，θ 代表国内固定资产折旧率，即国内总投资等于净投资加上折旧。

同理，国外投资 I_f 可表示如下：

$$I_f = \frac{d(FR)}{dt} \tag{1-14}$$

在潘国陵（2000）的基础上，我们作了如下拓展，允许汇率浮动，则

$$I_f = R \cdot \frac{dF}{dt} + F \cdot \frac{dR}{dt} \tag{1-15}$$

将式（1-4）、式（1-13）、式（1-15）代入式（1-5），得

$$R \cdot \frac{dF}{dt} + F \cdot \frac{dR}{dt} + \frac{dK}{dt} + \theta K = s(Y + \rho RF) \tag{1-16}$$

再将式（1-8）、式（1-11）、式（1-12）代入式（1-16），得

$$\frac{dF}{dt} + (R^* - s\rho) F = \frac{\sigma s - g - \theta}{R\sigma} Y_0 e^{gt} \tag{1-17}$$

其中 R^* 表示汇率的变化幅度。

$$R^* = \frac{dR}{Rdt} \tag{1-18}$$

式（1-17）是一个一阶非齐次微分方程，我们令

$$u\ (t)\ = R^* - s\rho \qquad\qquad (1-19)$$

$$w\ (t)\ = \frac{\sigma s - g - \theta}{R\sigma} Y_0 e^{gt} \qquad\qquad (1-20)$$

很显然，$u\ (t)$、$w\ (t)$ 并不是常数，而是可变系数和可变项。而焦武（2009）在对式（1-17）求解时，却将 $u\ (t)$、$w\ (t)$ 视为常数来求解。很显然，由于假定汇率浮动，Y 是时间 t 的函数，故而式（1-17）是具有可变系数 $u\ (t)$ 和可变项 $w\ (t)$ 的一阶非齐次微分方程。其通解为

$$F\ (t)\ = e^{-\int u dt}\ (A + \int we^{-\int u dt}d_t) \qquad\qquad (1-21)$$

其中 A 为如果具有适当的初始条件，便可以确定的任意常数[①]，求解式（1-21），得

$$F\ (t)\ = \frac{e^{s\rho t}}{R}\ (A + \frac{Y_0\ (\sigma s - g - \theta)\ e^{(g-s\rho)t}}{\sigma\ (g-s\rho)}) \qquad\qquad (1-22)$$

令 t = 0 时，$F = F_0$，因此

$$A = Y_0\ (\frac{RF_0}{Y_0} - \frac{\sigma s - g - \theta}{\sigma\ (g-s\rho)}) \qquad\qquad (1-23)$$

将常数 A 代入式（1-22），得

$$F = \frac{Y_0 e^{s\rho t}}{R}\ (\frac{RF_0}{Y_0} - \frac{\sigma s - g - \theta}{\sigma\ (g-s\rho)} + \frac{Y\ (\sigma s - g - \theta)}{R\sigma\ (g-s\rho)}) \qquad\qquad (1-24)$$

根据国际收支平衡表，一国国外净资产的增量即为经常项目收支差额，用公式表示为

---

① 蒋中一：《数理经济学的基本方法》，北京大学出版社，2006。

$$CA = \frac{dF}{dt} \qquad (1-25)$$

将式（1-17）代入式（1-25），则

$$CA = \frac{\sigma s - g - \theta}{R\sigma} Y_0 e^{gt} - (R^* - s\rho) F \qquad (1-26)$$

将式（1-24）代入式（1-25），可得

$$CA = \frac{\sigma s - g - \theta}{R\sigma} \cdot Y_0 e^{gt} - (R^* - s\rho) \left[\frac{Y_0 e^{spt}}{R} \left(\frac{RF_0}{Y_0} - \frac{\sigma s - g - \theta}{\sigma (g - s\rho)} \right) + \frac{Y (\sigma s - g - \theta)}{R\sigma (g - s\rho)} \right]$$

$$(1-27)$$

将式（1-27）两边都除以 Y，令 $ca = \dfrac{CA}{Y}$，$X = \dfrac{\sigma s - g - \theta}{R\sigma (g - s\rho)}$，得

$$ca = (g - s\rho) X - (R^* - s\rho) \left(\frac{F_0}{Y_0} + X \frac{e^{gt} - e^{spt}}{e^{gt}} \right) \qquad (1-28)$$

其中，F_0/Y_0 为初始状态一国净对外资产占国民收入比例，式
（1-28）揭示了一国经常账户收支水平和其汇率、储蓄率的关系，
同时经常账户收支和经济增长率、时间 t 之间也存在关系。这为本
书后续的实证研究提供了理论支撑。通过什么路径、采取何种模
式实现全球经济失衡再平衡，必定会带来不同的成本。

二　本书的创新与不足

（一）本书的创新

1. 研究角度的创新

现有有关全球经济失衡调整概率及其成本的研究，都没有区
分出渐进调整和激进调整，本书明确界定了渐进调整和激进调整
的识别标准，分别探讨影响这两种调整模式发生概率的经济因素、

制度因素，并比较其调整成本的高低。这些都是对过去研究角度的创新，进一步深化了对全球失衡调整的认识。

2. 研究方法的创新

第一，本书对全球经济失衡调整路径的研究没有局限在理论层面上，而是采用卡方检验等非参数检验方法对其进行经验分析，深化了对全球经济失衡调整路径的认识。第二，现有对全球经济失衡调整成本的研究多采用多国面板的方法，针对回归中的异质性问题，本书采用处理效应模型（treatment effect model）和 Heckman 方法，有助于更加准确地判断全球经济失衡调整的成本。

（二）本书的不足

1. 在经常账户收支理论基础上，本书归纳出经常账户调整的三条路径，并利用非参数检验对其经验分析。然而，本书并没有对各调整路径所对应的调整成本进行比较研究，这是今后有待进一步研究的地方。

2. 当前世界经济失衡选取不同的调整路径、调整模式必将对各失衡经济体（包括中国），乃至世界经济产生不同的影响。囿于理论建模和实证分析能力的不足，本书没能完成此部分的实证研究。

第二章
经常账户收支调节理论述评

经常账户收支属于国际收支的重要组成部分。早期国际收支理论主要关注经常项目收支，随着国际资本流动日益频繁，国际收支理论转向经常项目收支和资本项目收支并重。国际收支平衡是一国宏观经济调控的重要目标之一，调节国际收支是国际经济领域长期研究的重点，国际经济学家在长期的研究中逐渐形成了国际收支理论研究的范畴，即国际收支失衡的原因、国际收支失衡的可持续性、国际收支失衡平衡机制、国际收支平衡与内部经济平衡的关系及实现内外双重均衡的宏观经济政策选择等[①]。

直到第一次世界大战之前，古典学派的国际经济理论主宰了国际宏观经济学，认为通过国内价格水平的灵活调整和资金的自由流动，国际收支可以实现自动恢复平衡。然而古典经济理论无法解释现实经济中几乎成为常态的国际收支失衡。后续

---

① 谢朝阳、李洪梅：《国际收支理论源流与展望》，《北方工业大学学报》2008 年第 12 期。

经常项目收支理论从古典学派的自动调节机制，转向动态的稳定均衡分析。Keynes 革命建立了新的宏观经济理论，Metzler、Machlup 等把凯恩斯的核心宏观经济理论应用到国际经济问题的研究中，并建立了一些新的国际金融理论模型。在静态分析的基础上，研究了价格和工资刚性、失业以及国家之间有限的金融联系等金融问题。但是货币因素在他们的模型中没有得到应有的重视。20 世纪 80 年代后又出现了跨时预算约束和消费效用最大化下的横截条件分析。

第一节　早期经常账户收支调节理论

直到第一次世界大战之前，古典学派的国际经济理论主宰了国际宏观经济学，认为通过国内价格水平的灵活调整和资金的自由流动，国际收支可以实现自动恢复平衡。大卫·休谟（1752）在《政治论丛》中提出 "价格—铸币流动机制"（Price – specie flow mechanism），研究了在金本位制下贸易收支自动实现平衡的原理。当一国发生对外收支逆差时，意味着该国进口大于出口，黄金外流；于是国内货币供应量下降，引起国内物价下降，出口产品价格竞争力加强，随之而来出口扩大，同理国外由于黄金流入，国外商品价格上升，故而本国从国外进口减少；如此一来，一国贸易收支便可自动恢复平衡。反之，如果一国发生对外收支顺差，伴随黄金流入，国内物价上涨，会减少出口、扩大进口，从而恢复国际收支平衡。"价格—铸币机制" 被认为是最早对国际收支调节进行系统研究的理论。

休谟的 "价格—铸币机制" 主张，在金本位制下，通过黄金跨国流动和物价变动，贸易收支可以自动恢复均衡，无须国家干预。从这个角度来看，休谟的"价格—铸币机制"开了自由主义的国际收支调节理论先河。但是，休谟对国际收支调节理论的分析属于静态分析。

第二节　现代经常账户收支调节理论

20世纪30年代的第一次资本主义经济大危机的爆发和金本位制的崩溃，宣告"价格—铸币流动机制"退出历史舞台，新的国际收支调节理论应运而生，即现代国际收支调节理论，主要包括国际收支调节的弹性理论、国际收支调节的吸收理论、国际收支调节的货币理论、国际收支调节的资产组合理论及国际收支调节的结构论。

一　弹性分析法

国际收支调节的弹性方法是指在收入不变的情况下，通过汇率变动引起价格变化，以对经常项目失衡进行调节。由于这一调整机制很大程度上取决于进出口商品的供求弹性，因此被称为弹性理论。英国经济学家马歇尔最早提出弹性理论，他系统分析了国际贸易收支失衡产生的原因、资本和劳务流动对国际收支的影响、信用波动和利率变动的国际收支效应、国际收支与微观经济活动等，并在国际收支平衡隐含假设下，推导出国际收支平衡等式。1937年，在《就业理论论文集》中，琼·罗宾逊进一步发展了弹性理论，研究了一国采取本币贬值政策时，进出口供求弹性大小如何影响国际收支平衡。1948年，劳埃德·梅茨勒在《国际贸易理论》中深化了琼·罗宾逊的观点，阐明了罗宾逊－梅茨勒条件[①]。此后，在哈伯勒等人的努力下，弹性理论逐渐趋于完整，形成了国际收支弹性理论的核心公式，即 Marshall－Lerner－Robinson－Metzler 条件：

$$P_x Q_x \cdot [S_x (E_x - 1) / (S_x + E_x)] + P_m Q_m \cdot [E_m (S_m - 1) / (S_m + E_m)] > 0 \tag{2-1}$$

其中，P_x、P_m 分别表示一国的出口、进口商品的价格（以外币表示），Q_x、Q_m 表示一国的出口、进口商品的数量；S_x、S_m 分别表示一国的出口、进口的供给价格弹性，E_x、E_m 分别表示一国出口、进口的需求价格弹性。

假定一，其他条件保持不变，仅考虑汇率变动对进出口商品价格和数量的影响；假定二：不考虑资本流动，贸易收支等同国际收支。如果一国进出口满足马歇尔－勒纳－罗宾逊条件，即式（2-1），那么该国货币汇率贬值就会改善该国的贸易收支。

进一步，如果假定三、假定四成立。假定三，一国出口、进口的供给价格弹性（S_x、S_m）趋于无穷大；假定四，一国国际收支初始平衡，即 $P_x Q_x = P_m Q_m$。那么式（2-1）就进一步转变为：

$$|E_x + E_m| > 1 \tag{2-2}$$

式（2-2）就是所谓的马歇尔－勒纳条件。我们发现，式（2-1）包含式（2-2），只不过前者包含更少限制条件，更符合

① 杨晋丽、李仲明：《国际收支调节理论研究概述》，《金融教学与研究》2006 年第 10 期。

各国国际收支现实。马歇尔－勒纳条件是在进出口的供给价格弹性（S_x、S_m）趋于无穷大的前提下，得到的本币贬值能改善国际收支的充分条件，即只有满足马歇尔－勒纳条件，本币贬值才能发挥改善本国国际收支的作用。随着弹性理论的不断完善与发展，加之其操作的简单性和以邻为壑的政策特性，它成为政府决策部门通过本币贬值来改善贸易收支的重要理论依据。

弹性理论是在一系列严格的假设条件下分析得出的结论，其在实践中也得到了部分验证。但是，弹性理论仍旧存在一些不足，体现在以下几个方面：弹性理论仅强调汇率变动对国际收支的影响，但在现实经济生活中，汇率仅仅是影响一国国际收支动态的诸多因素之一，因而汇率对国际收支的影响有限，或汇率变动不能完全解释国际收支的变化；同时，弹性理论还忽视了本币贬值过程中，供给条件、成本的变化以及汇率所引起的收入效应和支出效应；此外，弹性分析法的前提是汇率的完全传递，而在现实经济生活中，汇率的不完全传递现象普遍存在。

二　吸收分析法

经常账户收支吸收分析理论是由美国经济学家亚历山大（Alexander）于1952年首先提出的，他将国民收入恒等式中的支出部分（消费、投资与政府购买之和）归为"吸收"部分，吸收理论因而得名。其中，"吸收"是指一国国民在商品和劳务上的支出。

吸收分析方法是指，当一国商品、劳务产出的增加超过其吸收能力的增加时，该国会出现经常项目收支顺差。这一分析方法是凯恩斯乘数理论与弹性理论的结合，理论基础源自凯恩斯理论中的收入支出决定理论。根据凯恩斯的开放经济条件下的国民收入恒等式：

$$Y = C + I + G + X - M \qquad (2-3)$$

可知，从产品的最终支出角度出发，国民收入（GNP）由私人消费（C）、私人投资（I）、政府支出（G）和贸易收支（$X-M$）组成。在不考虑净要素收入之和的情况下，经常账户收支（CA）等于贸易收支（TB）。

我们将一国总支出称为国内吸收（Domestic Absorption），用 A 表示。即

$$A = C + I + G \qquad (2-4)$$

国内总支出实际上是国内私人消费 C、私人投资 I 与政府支出（购买）G 之和。综合（2-3）和（2-4）式，有

$$CA = Y - (C + I + G) = Y - A \qquad (2-5)$$

式（2-5）表明一国经常账户余额等于该国国民收入与国内吸收之差。如果该国经常账户收支为顺差（$CA > 0$），即该国国内吸收量小于可供支配的国民收入量，其中可能的原因是国内消费、投资和政府公共支出不足；如果该国经常账户收支出现逆差（$CA < 0$），即该国国内吸收大于其所创造的国民收入，这部分缺口需要进口外国商品和服务来弥补。

从收入角度出发，一国国民收入（GNP），可分解为私人消费（C）、私人储蓄（S_p）和政府税收（T）。于是，有

$$C + I + G + CA = GNP = C + S_p + T \qquad (2-6)$$

整理后得到：

$$CA = S_p + (T - G) - 1 = (S_p + S_g) - I = S - I \qquad (2-7)$$

　　式（2-7）中，政府税收收入（T）与政府支出（G）之差如果大于零，表明政府预算处于盈余状态；如果小于零，则说明政府预算出现赤字。S_g 代表政府储蓄，即公共储蓄；S 表示政府储蓄 S_g 和私人储蓄 S_p 之和，即一国的国民总储蓄。那么一国国民储蓄与投资之差，也称为储蓄投资缺口，等于该国经常账户收支余额。这表明在开放经济条件下，一国的投资来源不再仅仅局限于国内，还可以依靠国外融资。当一国出现经常账户收支逆差，说明该国国内投资大于本国的储蓄额，缺口部分需要通过商品和服务的净进口来满足，从而扩大其海外负债。当一国出现经常账户收支顺差，表明该国国内储蓄大于投资，而且通过商品和服务净出口所带来的资本流出，增加了该国的海外资产。

　　与弹性理论不同，国际收支吸收理论采用了一般均衡分析方法，将经常账户收支与宏观经济整体运行联系起来，揭示了一国的收入、支出、货币贬值与经常账户收支之间的内在联系，认为一国的经常项目收支余额与该国的储蓄、投资相对大小密切相关。作为凯恩斯宏观经济学在经常账户收支领域的延伸，吸收理论在如何调整一国经常账户收支失衡方面，也同样充满凯恩斯主义的政府干预经济色彩。吸收理论认为单纯靠汇率政策很难达到调节经常账户收支的目的，在采用本币贬值政策改善经常账户收支时，如果辅之以紧缩的财政政策和货币政策，则更容易实现改善经常账户收支的目的[1]。

三　货币分析法

　　国际收支的弹性分析法和吸收分析法，实际上都强调贸易收

---

　　[1]　焦武：《中国国际收支失衡问题研究》，复旦大学博士学位论文，2009。

支的调整，忽略了资本和金融项目。货币分析法源于古典学派的国际收支自动调节论，即英国经济学家大卫·休谟的价格—现金—铸币流动机制。货币理论从宏观角度进行分析，强调国际收支的货币特征，可以看成战后货币主义经济学在国际金融领域的拓展，也是传统的封闭经济货币理论在开放经济环境下的推广应用。1951 年，詹姆斯·米德在《国际经济政策理论》第一卷《国际收支》中，把一般模型的货币方面与金本位结合，这启发了后来的货币主义者。1972 年哈里·约翰逊在《国际收支货币分析论》中指出了国际收支失衡的货币性质，构建了完整的国际收支货币分析模型。罗伯特·蒙代尔建立了 IS – LM – BP 模型，把国际收支不平衡作为货币供求存量不均衡的结果，即认为国际收支本质上是货币现象。

20 世纪 50 年代初，在开放的经济条件下，在引入价格弹性和国际支付体系的大量假设之中，Meade 在 Keynes 理论中融入了货币因素，综合地分析了有关经济问题及其解决方法。但是，Meade 采用的仍然是比较静态的分析方法，缺乏对均衡之间的动态调整的研究。Mundell 弥补了 Meade 的这一缺陷，同时也考虑了货币因素。在固定汇率制下，Mundell 和 Fleming 于 60 年代研究了在固定汇率制下通过财政政策和货币政策的搭配来实现宏观经济的内外均衡。Dornbusch（1976）继承了 Mendell – Fleming 模型中关于不变价格的假定，并将它融入国际收支货币模型的短期分析中。

如下建立一个简单的货币理论模型，假设一国名义货币需求余额与其名义国民收入正相关，并在长期内是稳定的。其货币需求方程为如下形式：

$$M_d = KPY \tag{2-8}$$

M_d 是名义货币需求余额量；K 是所期望的名义货币余额与名义国民收入之比，假定为一个常数；P 代表国内价格水平；Y 表示实际产量，PY 则代表名义国民收入。

假设一国货币的供应量取决于其基础货币，货币供给方程为下列形式：

$$M_s = m\ (D + R) \qquad\qquad (2-9)$$

M_s 是一国总的货币供应量；m 是货币乘数，假定是一个常数；D 是一个国家基础货币的国内部分，R 是一个国家基础货币的国外部分。

一个国家基础货币的国内部分（D）是指这个国家货币当局所创造的国内信用。一个国家基础货币的国外部分（R）被认为是一个国家的国际储备，它的增加或减少代表这个国家国际收支盈余或赤字。

根据以上简化模型，在开放经济中，解决货币不平衡的途径可以表现为国际收支的变动。假设我们所考虑的对象国是一小国，该国经济处于充分就业状态，并且实行固定汇率，商品、劳务和金融资产具有完全的国际流动性。在此情形下，货币需求是长期稳定的，因此货币市场的不均衡主要通过货币供给的变化来调整，即通过调整基础货币来实现货币市场均衡。

假设最初的货币市场是均衡的，即 $M_d = M_s$，由式（2-8）、式（2-9）两式可得

$$m\ (D + R)\ = KPY \qquad\qquad (2-10)$$

由于 K、P、Y 均不变，所以由上式可得出 $dR = -dD$。这意味着，如果货币信贷当局扩大国内信贷（提高 D），货币供给就会超过货币需求。为恢复货币市场均衡，R 就会减少，即国内信贷扩张会导致国际储备的减少，于是国际收支出现逆差；如果货币当局

减少国内信贷（降低 D），那么在货币需求不变的条件下，为了恢复货币市场均衡，R 将上升，即国际储备增加，因而国际收支出现顺差。由此看来，任何来自货币市场的不均衡都完全反映在国际收支中。一国国际收支出现逆差是因为其国内货币供给超过了货币需求，而一国国际收支出现顺差则是因为其国内货币供给低于货币需求。将货币市场与国际收支直接联系在一起，而不是单独考虑商品或金融市场变化的作用，这是货币分析法与国际收支理论其他分析法的一个明显区别①。

既然国际收支的失衡原因可归结于国内货币市场不平衡，那么恢复国际收支平衡的途径也就在于恢复国内货币市场的平衡。在长期国际收支逆差的约束条件下，一国可以采取传统的国际收支调节政策，如通过财政政策紧缩总需求、控制货币供给、使本币贬值、限制进口、补贴出口等措施，但是这些政策都只在短期有效，而长期来看只有降低国内信贷膨胀率才是有效的。由于货币分析理论认为国际收支调节过程能自动进行，因此它对强调政府干预的传统国际收支调节理论提出了挑战。与弹性理论和吸收理论仅仅限于对经常账户的分析相比，货币分析在国际资本流动日渐增强的经济环境下更具现实性。但是，货币分析法的充分就业前提条件也受到了一定的质疑。

四　资产市场组合模型

弹性价格分析方法在 20 世纪 70 年代迅速发展，其模型的前提条件之一是购买力平价理论。同时，随着国际金融市场一体化的发展，不少学者在货币模型中加入资产，从而建立了资产市场组合模型，To-

---

① 薛敬孝、佟家栋、李坤望：《国际经济学》，高等教育出版社，2001。

bin（1969）的资产选择理论也促进了资产组合模型的诞生。

　　一国商品和服务出口带来资本流出，意味着该国海外净资产的增加或对外净债务的减少；进口商品和服务带来资本流入，则意味着该国海外净资产的减少或净负债增加。如此一来，经常账户收支余额的累积，就形成了该国的对外资产或负债。国际投资头寸（International Investment Position，IIP）是一个存量概念，反映了一国在某一时刻上对外的资产或负债；净国际投资头寸（Net International Investment Position，NIIP）则是一个流量概念，表明了两个不同时刻的国际投资头寸差额。一国经常账户余额体现了该国与贸易伙伴国之间真实资源的流动，对应该国净国外资产的变化。如果用 $NIIP_t$、$NIIP_{t-1}$ 分别表示一国在 t 期和 $t-1$ 期的净国外资产头寸，那么：

$$CA_t = NIIP_t - NIIP_{t-1} \qquad (2-11)$$

　　式（2-11）表明，一国海外净资产增加意味着该国出现经常账户盈余，反之，一国海外净资产减少表明该国经常账户处于赤字状态。

五　国际收支结构论

　　20 世纪 70 年代，众多发展中国家面临国际收支赤字的困境。对此，IMF 开出的药方是实行紧缩需求的政策。然而，这不仅没有显著改善这些发展中国家的赤字状况，反而给其经济增长带来不利影响。于是，一些学者如 Killick（1981，1995）、Thirwall（1972）等开始从发展中国家自身经济发展特点出发，从发展中国家内部探索其国际收支赤字的原因，形成了国际收支理论的结构分析法。

国际收支结构论认为发展中国家之所以存在国家收支失衡，是因为发展中国家内部存在内部经济结构包括产业结构失衡等。在现实经济生活中，结构论符合发展中国家经济发展的客观情况，能够解释不少发展中国家国际收支失衡的原因。因此，结构论在研究发展中国家国际收支时备受重视。

国际收支结构论是从供给的角度来分析一国国际收支失衡的原因，这与从需求角度分析国际收支问题的吸收法截然不同。国际收支结构论认为，要想长期解决国际收支失衡问题，需要肃清导致失衡的供给方面的因素，包括该国产业结构、贸易方式等的调整。不过，这类结构性问题的调整往往是渐进的，在短期内不可能解决。这也意味着，要从根本上解决结构性问题引起的国际收支失衡，需要相当长的一段时间。

第三节　跨期的经常项目收支模型

经常项目的跨期均衡分析（Intertemporal Appraoches to the Current Account）是经常项目收支理论的重要分支。20 世纪 80 年代，传统的弹性价格的汇率模型进一步发展为经常项目的跨时分析方法，Sachs（1981）、Obsfeld（1982）、Frenkel 和 Razin（1986）等学者做出了很大贡献，其特点是把最优增长理论应用到开放的宏观经济学中，将经常项目的均衡看作储蓄和投资的最优决策结果。这种方法为分析 20 世纪 70 年代两次石油冲击导致有关国家经常项目失衡和 20 世纪 80 年代发展中国家的债务危机提供了有力的理论解释。

经常项目的跨期均衡分析方法起源于如下两方面理论的发展：

其一，1976 年 Lucas 批判了计量分析政策评估，他认为在对经济主体进行分析时，应考虑其前瞻性的决策，这样才能够得出更加可靠的政策结论；其二，在 20 世纪 70 年代的两次石油危机期间，许多国家出现了大规模、持续的经常项目收支赤字，无论是发达国家还是发展中国家的经常项目收支都面临着跨期问题①。这两方面的因素促使学者们从跨期的角度对最优经常项目收支问题进行研究，最终形成所谓的新的开放的宏观经济学。新开放宏观经济学强调经常账户的跨期特性：由于经常账户收支等于储蓄减去投资，而储蓄、投资分别是基于生命周期假说、投资预期回报率的跨期行为，故经常账户也具有跨期性。

Obstfeld 和 Rogoff（1995）被认为是动态跨期分析和新开放宏观经济学的集大成者，他们最重要的研究成果之一就是建立了系统的国际收支经常账户跨期模型（OR 模型）。在他们的研究中，考虑了微观经济基础、名义价格刚性和不完全竞争等条件，分析了实际有效汇率、贸易条件、不确定性、生产率、货币等冲击下的一国经常账户动态。此外，他们还把该跨期模型由弹性价格条件拓展到粘性价格条件。他们认为在开放经济中，作为缓冲工具的经常账户收支失衡，有助于经济主体在跨期效用最大化的前提下，进行消费平滑②。跨期分析方法的一个重要结论是，如果经常账户赤字是由投资增长引起的，则不必为其可持续性担心。

---

① Maurice Obsfeld, Kenneth Rogoff (1996), Foudations of International Macroeconomics, MIT Press.

② 焦武:《中国国际收支失衡问题研究》，复旦大学博士学位论文，2009。

第三章 |

全球经济失衡现状及影响因素

全球经济失衡并非新现象，世界经济历史上曾出现过五次全球经济失衡，这五次全球经济失衡分别发生在一战前 30 年、两次大战之间、布雷顿森林体系时期、20 世纪 70 年代末和 20 世纪 80 年代末（刘钻石，2007）。本章将分析当前世界经济失衡的特点，并探讨经济失衡的影响因素。

第一节　全球经济失衡现状分析

当前全球经济失衡与历史上的全球经济失衡相比，呈现出以下特点：即失衡规模大、持续时间长、盈余主体主要是以中国为代表的新兴经济体、赤字方美国的经常账户赤字越来越依靠官方外汇储备来提供融资。

一　失衡规模大

衡量全球经济失衡的严重程度，有两种途径：第一，全球总赤字规模（或盈余规模）占全球 GDP 比重。第二，从单个国家来看，一国经常账户赤字（或盈余）占该国 GDP 之比。根据 BVD 宏观经济数据库统计数据，全球经常账户赤字总规模迅速扩大，占全球 GDP 的比重从 1995 年的 1.2% 上升到 2007 年的 2.7%，其中 2006 年全球经常账户赤字总额占全球 GDP 的比重超过 3%，处于过去 30 年的最高水平。由于在当前全球经济失衡中，经常账户赤字越来越集中在单个国家，因而，从单个国家经常账户收支来看，全球经济失衡更为严重。如表 3 - 1 所示，从单个国家经常账户赤字规模来看，当前的全球经济失衡最高逆差规模是 6.45%，仅次于一战前 30 年的全球经济失衡。

无论是从绝对失衡水平（赤字或盈余金额）还是从相对失衡规模（赤字或盈余金额占同期 GDP 之比）来看，美国都堪称全球经济失衡的头号赤字大国，而中国则是当前全球经济失衡中的主要盈余国。在金融危机前的 2006 年，按盈余绝对金额大小排序，排在前面的依次是中国、日本、OPEC、欧元区、亚洲其他发展中国家；按盈余占 GDP 比例高低排序，依次是中东国家、中国、亚洲其他发展中国家、日本、欧元区。美国、中国的失衡规模分别于 2006 年、2007 年创下历史新高，其中 2006 年美国经常账户赤字达 8035.5 亿美元，占美国同期 GDP 之比为 6%；2007 年中国经常账户盈余为 3720 亿美元，占同期中国 GDP 之比为 10.8%[①]。

二　失衡持续时间长

当前全球经济失衡的第二个特点是，失衡持续时间长。当前全球经济失衡始于 20 世纪 90 年代末，截至目前仍然没有实现全球

---

① 数据来源：BVD 宏观经济数据库。

经济再平衡。虽然在2008～2009年全球金融危机背景下，全球经济失衡暂时出现了调整势头，但随着全球经济复苏，全球经济失衡又呈现扩大之势。经济全球化，尤其是前所未有的金融一体化，为当前全球经济失衡在较长时期内的存在提供了可能。

表3－1　世界经济一体化过程中的六次世界经济失衡

失衡时间	主要逆差国	主要顺差国	最高逆差规模	失衡主要原因	调整路径
一战前30年	加拿大、澳大利亚	英国、法国	占逆差国家平均GDP的9%	境外投资、扩张势力	通过价格铸币机制，失衡自动平衡调整
两次大战之间	英国	美国、法国	占英国GDP的4%	战争支出、通货膨胀	金汇兑本位崩溃，英国通货紧缩
布雷顿森林体系时期	美国	日本、欧洲	占美国GDP的0.5%	日欧低估本币、美国赤字	在特里芬两难下，布雷顿森林体系瓦解
20世纪70年代末	美国、冰岛	德国、日本	美国逆差占其GDP的0.8%	美国通货膨胀、石油涨价	欧洲国家衰退和通胀，引起货币体系震动
20世纪80年代末	美国、新西兰	日本、德国、加拿大	美国逆差占其GDP的3.4%	亚洲国家出口拉动、美国财政赤字、低储蓄	通过美元贬值，平稳调整，没有引起经济大波动
20世纪90年代至今	美国	中国、石油输出国	占美国GDP的6.45%	亚洲国家出口拉动、美国低储蓄、全球金融一体化	

资料来源：刘钻石：《从历史角度看世界经济失衡：文献综述》，《亚太经济》2007年第8期。

三　盈余主体主要是以中国为代表的新兴经济体

不同于金本位时期、布雷顿森林体系时期以及20世纪70～80年代的全球各主要发达经济体（主要是美国、欧洲和日本等国家和地区）经常账户的不平衡，始于20世纪90年代中期的当前全球经常账户失衡具有典型的全球化特征。当前全球经济失衡与以往不同的第二个特点是，赤字集中在美国，而盈余国家主要是以中国为代表的新兴经济体，而在前五次全球经济失衡中，贸易顺差国都是发达国家。不仅主要工业化国家依然存在经常账户不平衡，而且包括中国、韩国等东亚新兴经济体，石油输出国也日益积累大量经常账户盈余，并成为当前全球经常账户失衡中极为重要的参与者。随着经常账户失衡的持续深化，全球经常账户失衡越来越呈现出赤字额集中化与盈余额分散化的趋势，其突出表现是以美国为代表的发达国家拥有大量贸易赤字，与之相应的贸易盈余则集中在德国、日本、亚洲新兴经济体和石油输出国等国家和地区。

20世纪80年代初期，石油输出国是全球最主要的经常账户盈余方。此后，占全球GDP不到1%的经常账户赤字主要对应德国和日本的盈余，1990年以来年均盈余规模在2000亿美元左右。自东南亚金融危机以来，亚洲主要新兴经济体扮演失衡盈余方并对全球经常账户失衡起到举足轻重的作用。1997年亚洲主要新兴经济体盈余规模仅为260亿美元，但到2007年已突破5000亿美元，达到5452亿美元，接近全球GDP比重的1%。而受益于国际石油价格的持续飙升，石油输出国经常账户盈余自2002年以来迅速膨胀，并成为全球经济失衡中的一支重要力量。2008年，石油输出国经常账户盈余规模超过亚洲主要新兴经济体，达到5132亿美元的新高度，占全球GDP比重的0.84%。

尽管2000年以来欧盟国家（不含德国）经常账户赤字规模呈扩张趋势，然而当前的全球经常账户失衡中经常账户赤字越来越集中在美国。无论是从绝对失衡水平（赤字或盈余金额）还是从相对失衡规模（赤字或盈余金额占同期GDP之比）来看，美国都堪称全球经济失衡的头号赤字大国，尤其在本轮经常账户失衡中，美国经常账户赤字的绝对规模水平和相对规模水平都迅速上升，不仅屡创历史新高，还保持持续在高位运行的态势。20世纪80年代，美国经常账户赤字曾一度扩至占GDP的3%左右，1984～1987年占全球经常账户总赤字额比重超过60%。随后经常账户有所改善，1991年甚至出现短暂平衡。但自90年代中期以来，美国经常账户赤字规模扶摇直上，并牢牢占据全球经常账户失衡的一极。尤其是进入21世纪，美国贸易赤字占GDP的比重长期保持在3%～6%的水平，即便是金融危机导致美国国内需求下降也未能完全阻止经常账户扩大趋势，尽管其占全球经常账户总赤字额比重由2001年的近80%不断下跌至2012年的35%，但经常账户赤字额不断攀高，由2001年的近4000亿美元提高到2006年的8000亿美元的峰值水平，占其GDP的比重也由3.85%急剧攀升到6%。这意味着，全球达到自20世纪70年代以来的最严重的经常账户失衡。

与以往全球经济失衡中贸易顺差国主要集中在发达国家不同的是，以中国为代表的亚洲主要新兴经济体在此次全球经常账户失衡中地位日益突出。中国经济在经历了30多年的改革开放之后，取得了举世瞩目的成就，尤其是对外贸易的发展可谓突飞猛进，在世界经济中的地位也日益上升。从一系列的对外贸易经济指标看，中国已经成为一个国际贸易大国。新中国成立60多年来，中国对外贸易从小额逆差转变为巨额顺差，从外汇极度短缺发展成为外汇储备全球第一大国。1990年至今，除1993年贸易逆差为122亿美元外，中国对外贸易年年保持顺差，持续贸易顺差为中国解决外汇资金短缺问题、积累外汇储备起了决定性的作用。在双边经贸关系中，中国与周边大多数经济体的贸易逆差持续扩大，与美、欧等经济体的顺差则持续扩大。由于大规模的对外贸易盈余和长期盯住美元的汇率制度，中国成为当前有关全球经济失衡争论中的主要关注对象。

四　美国经常账户赤字越来越依靠他国官方储备提供融资

经常账户赤字意味着，一国从国外购买的比向国外销售的多，这必须依靠从国外借款或出售资产来提供融资。2000 年前后，美国主要通过吸收国外证券投资为美国金融账户赤字融资。2000 年国外净购买美国股票 1920 亿美元，外国直接投资 2890 亿美元，这两项总共 4810 亿美元超过了当年 4170 亿美元的经常账户赤字，大约是当时 1620 亿外债的 3 倍。之所以他国购买美国公司的股票，或者收购整个公司，因为他们预期跨国投资的收益大于风险。但目前这种情况已经彻底改变了。在 2007 年流入美国的资产中，净股票购买为 1830 亿美元、外国直接投资约为 2013 亿美元，这两种投资方式金额仅仅占美国当年 7390 亿经常账户赤字的 52%，与美国外债规模相当。而 2007 年，他国购买美国国库券金额达 3660 亿美元，约为净股票购买金额的两倍。[①] 虽然并不太确切知道谁购买了美国股票和国库券，但可以推断主要是政府或者与政府相关的机构，因为有关资本流动的官方数据仅仅显示交易方，而不是实际的所有者。例如，中东政府利用英国银行购买美国国库券，其交易记录是一个私人英国买家。但事实是，资金从股票流入国库券，表明资金来自政府而不是私人部门。证据也表明，经常账户盈余国家的官方外汇储备大量增加。根据世界银行发展指标数据

---

① 数据来源：资本流入数据来源于 BEA 国际交易账户数据，http：//www. bea. gov/international/bp_ web/list. cfm？ anon ＝71&registered ＝0。

库（WDI）数据，2009 年末中国外汇储备超过两万亿美元，日本超过万亿美元，韩国超过 2000 亿美元，俄罗斯超过 4000 亿美元，石油输出国超过 9000 亿美元。大多数储备是自 2000 年以后积累起来的。

五　全球经常账户失衡伴随着全球经济高速增长

近年来，全球经济"失衡并增长"的现象已成为国际宏观经济环境最突出的特点。全球经常账户失衡中表现出来的实物、资金、技术和人才等资源在国家之间、地区之间非均衡流动已深刻而持久地影响了各国经济，并极大地促进了各经济体经济在经历 21 世纪初温和调整后连续多年的强劲增长。尤其在失衡规模扩大的 2002~2007 年，全球经济增长率变化与全球经常账户余额绝对值占 GDP 的比重表现出高度一致性（如图 3－1 所示）。因此，在经济全球化背景下以经常账户不平衡为纽带的失衡各方经济增长的动力耦合促成了当前全球经济"失衡并增长"格局的形成。

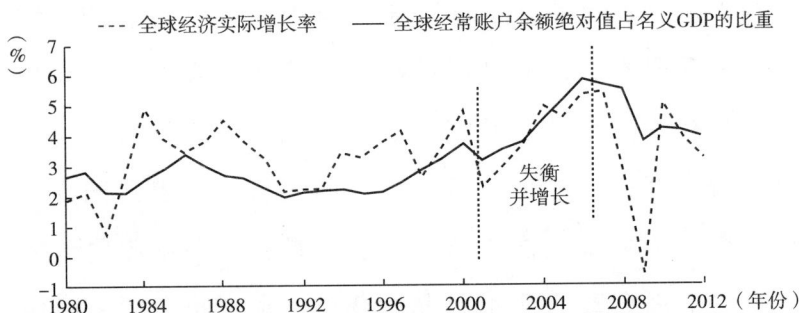

图 3－1　1980~2012 年全球经常账户失衡程度与经济增长率变化

注：（1）World Economic Outlook Database 提供了 184 个国家和地区的经常账户数据，但对于数据缺失的国家，笔者默认其经常账户处于平衡状态。

（2）2012 年为预测值。

数据来源：根据《World Economic Outlook Database，October 2012》计算而来。

第二节 当前全球经济失衡影响因素的实证研究

一 实证模型、相关变量及数据

为了研究当前全球经济失衡的影响因素，建立经常账户收支影响因素实证模型，如式（3 – 1）。

$$CA_{it} = a + \beta X_{it} + u_{it}$$ (3 – 1)

其中，$i = 1$，2，3…N，是截面标示；$t = 1$，2，…T，为时间标示；X_{it}为 k×1 解释变量，β 为 k×1 系数列向量，u_{it}为误差项。

CA_{it}代表 i 国在第 t 年经常账户收支占 GDP 之比，X_{it}是影响经常账户收支的向量集，a 是常数项，β 是系数向量。以本书第一章理论框架中经常账户收支的动态方程（式 1 – 28）为基础，结合经常账户收支理论及相关文献，X_{it}包括以下 8 个自变量，其中既有宏观经济变量，又有制度变量。

1. 实际有效汇率（RER）

根据国际收支弹性理论，在满足 Marshall – Lerner – Robinson – Metzler 条件的情况下，实际有效汇率贬值可以改善一国贸易收支。本书实际有效汇率是以 1997 年为基期，经过 CPI 调整后的贸易加权汇率。由于对于大多数国家而言，贸易收支占经常账户收支的绝大部分，所以我们预期自变量 RER 系数符号为负。

2. 储蓄率（SAVING）

储蓄率等于一国的总储蓄额占 GDP 之比。按照国民收支等式 $CA = S - I$（即经常项目等于储蓄减去投资），认为如果一国储蓄大于投资，则出现经常账户盈余；反之，则出现经常账户赤字。我们预期自变量 SAVING 系数符号为正。

3. 财政收支水平（BUDGET）

财政收支水平用一国年度财政收支金额占该年 GDP 比例来表示。根据国民收支等式 $CA = (T - G) + (S_p - I_d)$，经常项目收支等于政府财政收支加上私人储蓄减去国内投资，即"双赤字假说"政府财政盈余会改善一国经常账户收支，反之政府财政赤字会恶化一国经常账户收支。我们预期 BUDGET 系数符号为正。

4. 净对外资产占 GDP 比重（NFA）

依据资产市场组合模型，$CA_t = NIIP_t - NIIP_{t-1}$，国际间商品和服务出口就意味着一国海外净资产的增加，或对外净债务的减少。反之，一国进口商品和服务则意味着该国海外净资产的减少，或对外净债务的增加。这样，不同时期一国经常账户余额的累积就形成了该国对外的各种资产或负债[①]。我们预期 NFA 符号为正。

5. 贸易开放度（TRADE）

我们用进出口额之和比上一国 GDP 代表该国的贸易开放度。一国贸易开放度越高，意味着该国与他国经济交往越密切，则经常账户收支失衡风险越大，但贸易开放度与经常账户收支之间的确切关系不确定，TRADE 预期符号未知。

6. 金融深化水平（FDEPTH）

金融深化水平代表一国金融市场发展程度。事实上，从金融深化水平考察当前的世界经济失衡，是从金融角度来阐述国际收支的吸收论。Blanchard、Giavazzi 和 Sa（2005），Caballero、Farhi

---

① 肖立晟、王博：《全球经济失衡与对外净资产：金融发展视角的分析》，《世界经济》2011 年第 2 期。

和 Gourinchas（2008a）等人证明了，以中国为代表的新兴经济体国内金融市场欠发达，无法提供高质量的金融资产以满足发展的需要，产生了对美国资产的需求，从而为美国经常账户赤字提供融资，便形成了当前世界经济失衡的状况。据此，一国金融深化水平越高，容易产生经常账户赤字；反之，一国金融深化水平越低，容易产生经常账户盈余。我们预期 FDEPTH 系数符号为负。

选取合适的指标准确反映金融深化水平，尤其是反映不同经济发展水平国家的金融深化水平的指标，一直是理论界的难题。根据一般的金融发展指标（如金融相关比率、M2 占 GDP 之比、信贷占 GDP 之比等常用指标），中国指标数值很高，甚至超过部分发达国家。但是中国金融发展水平的上升主要体现在居民准货币（定期存款、储蓄存款和其他存款）的稳定快速增加上，属于典型的银行导向型金融结构，相对应的金融市场建设却十分滞后，与全球金融一体化的矛盾日益尖锐。有鉴于此，我们选取股票市场交易额占 GDP 之比作为度量一国金融发展程度的指标。

7. 金融一体化程度（FINTE）

各国金融深化水平的差异能引起国际间资产负债失衡。我们将一国对外资产加负债作为金融一体化程度的代理变量。金融一体化水平标志着一国与他国金融交易的密切程度，但金融一体化程度与经常账户收支关系不确定，FINTE 预期系数符号未知。

8. 汇率制度（EXM）

汇率制度分类最根本的问题是基于何种汇率进行分类。现有文献对汇率制度分类的归纳，一般有两种方法：一种是基于事实上（de facto）的分类；另一种是基于各国所公开宣称的法定上

（de jure）的分类。Levy – Yeyafi 和 Sturzenegger（2003，2005）的分类是基于事实上的分类。Levy – Yeyati 和 Sturzenegger 的分类（LYS 分类）将汇率制度分为 5 种，取值分别为 1，2，3，4，5。其中，汇率制度取值越小，代表其自由程度越高；反之，汇率制度取值越大，意味着该汇率制度越接近固定汇率制度。将汇率制度纳入实证模型，探讨汇率变动的灵活程度对经常账户收支的影响。理论上，一国经常账户制度越灵活，汇率越能发挥调节国际收支的作用。但汇率对经常账户收支的影响不确定，故汇率制度（EXM）预期符号未知。

表 3 – 2　变量说明及数据来源

变　量	定　义	数据来源
实际有效汇率（RER）	以 CPI 为基础	BVD 宏观经济数据库
储蓄率（SAVING）	国民储蓄额/GDP	BVD 宏观经济数据库
财政收支水平（BUDGET）	政府财政收支/GDP	BVD 宏观经济数据库
净对外资产占 GDP 比重（NFA）	净对外资产/GDP	LM（2007）
贸易开放度（TRADE）	进出口额/GDP	BVD 宏观经济数据库
金融深化水平（FDEPTH）	股票市场总值/GDP	WDI 数据库
金融一体化程度（FINTE）	对外资产加负债/GDP	LM（2007）
汇率制度（EXM）	LYS 分类	LYS（2005）

说明：为了保证实证结果的稳健性，后文将进一步采用私人信贷占全部信贷之比作为金融深化的代理变量。

　　表 3 – 2 显示了各个数据指标及其数据来源。本书采用的相关经济数据主要来自 BVD 宏观数据库、世界银行的《世界发展指标（WDI）》、LM（2007）公布的各国对外资产头寸及 LYS（2005）对各国汇率制度的划分。本书选取的样本是全球范围内 88 个国家和地区，具体名单见附录，其中包括 22 个发达经济体，其余为发展中国家和地区。样本时间范围为 1980 年到 2007 年。

二 实证研究结果

(一) 各变量描述性统计结果

样本内 88 个经济体这 9 个经济指标的描述性统计见表 3-3。从 1989 年到 2007 年，88 个经济体的平均经常账户收支为赤字，占 GDP 比重为 1.922%；平均实际有效汇率为 109.015，较基期 1997 年出现升值趋势；平均储蓄率为 20.715%；平均政府预算为赤字，占 GDP 比重为 2.361%；平均对外净资产占 GDP 比重为 -40.692%；平均贸易开放度为 75.073%；按照 LYS 分类，平均汇率制度为 3.92；平均金融深化水平为 31.719%；平均金融一体化水平 180.227%。将样本分为发达国家、发展中国家和地区两个子样本，下文分别对其经济指标进行描述性统计（见表 3-4 和表3-5）。

表 3-3 各变量描述性统计（全样本）

变量名	观察值个数	均 值	标准差	最小值	最大值
CA	2439	-1.922	10.255	-245.180	102.572
RER	2046	109.015	56.688	13.711	765.118
SAVING	2182	20.715	12.394	-205.895	171.673
BUDGET	1920	-2.361	5.479	-45.076	36.250
NFA	2459	-40.692	83.009	-917.500	550.120
TRADE	2401	75.073	49.826	4.638	438.341
EXM	1922	3.920	1.327	1.000	5.000
FDEPTH	1059	31.719	53.279	0.000	409.550
FINTE	2459	180.227	266.350	0.000	3635.210

表 3-4 各变量描述性统计（发达国家样本）

变量名	观察值个数	均 值	标准差	最小值	最大值
CA	600	0.119	5.055	-24.569	20.933
RER	594	97.727	15.909	56.439	188.100
SAVING	591	22.178	6.657	-5.448	40.389
BUDGET	523	-1.565	4.450	-23.739	18.490
NFA	616	-13.244	43.038	-165.670	139.040
TRADE	601	64.525	28.076	16.014	184.743
EXM	492	3.567	1.403	1.000	5.000
FDEPTH	365	60.579	66.279	0.300	409.550
FINTE	616	230.878	271.324	28.590	2588.360

我们发现，1989~2007 年，22 个发达国家平均经常账户收支略有盈余，占 GDP 比重为 0.12%；而 66 个发展中国家和地区平均经常账户收支为赤字状态，约为 2.59%。从实际有效汇率来看，发达国家汇率均值为 97.73，发展中国家和地区汇率均值为 113.63，这说明相较于基期 1997 年，总体而言发达国家汇率呈贬值趋势，而发展中国家和地区汇率呈升值趋势。1980~2007 年，发达国家平均储蓄率略高于发展中国家和地区平均储蓄率。在样本期间，发达国家、发展中国家和地区平均政府预算收支都呈现赤字，其中发展中国家和地区政府预算赤字规模更大。从贸易开放度来看，发展中国家和地区平均贸易开放度甚至高于发达国家。在样本期间，发达国家平均开放度为 64.53%，而发展中国家和地区平均开放度为 78.6%。按照 LYS（2005）的汇率制度分类，总体来看，发达国家的汇率制度灵活程度更大。从净对外资产占 GDP 比重来看，在样本期间，发展中国家和地区平均负债水平高于发达国家。而在金融深化和金融一体化水平方面，发展中国家和地区大大落后于发

达国家。总体而言，这些指标反映了发达国家、发展中国家和地区在宏观经济、制度等方面的差异，也提示我们在对全样本进行实证分析的基础上，有必要对发达国家、发展中国家和地区这两个子样本单独进行实证分析。

表3-5 各变量描述性统计（发展中国家和地区样本）

变量名	观察值个数	均 值	标准差	最小值	最大值
CA	1839	-2.589	11.374	-245.180	102.572
RER	1452	113.633	65.970	13.711	765.119
SAVING	1591	20.172	13.898	-205.895	171.673
BUDGET	1397	-2.659	5.791	-45.076	36.250
NFA	1843	-49.866	90.775	-917.500	550.120
TRADE	1800	78.595	54.768	4.638	438.341
EXM	1430	4.042	1.277	1.000	5.000
FDEPTH	694	16.541	36.838	0.000	393.410
FINTE	1843	163.298	262.570	0.000	3635.210

（二）经常账户收支影响因素的实证研究结果

对经常账户收支进行实证研究的结果见表3-6，本书采用Stata 10.0得到实证结果。在对88个国家和地区的经常账户收支影响因素进行实证研究时，Hausman检验结果表明了本书采用固定效应模型较选用随机效应模型更具有一致性和有效性。在发达国家样本的实证模型中，虽然Hausman检验结果表明固定效应模型更为合适，但B-P检验结果认为其存在随机效应，表面上看，这两种检验方法得到的结论似乎矛盾。考虑到这两个检验的出发点是迥然不同的，因此并不具有可比性，所以我们采用FGLS进行估计。在发展中国家和地区样本中，Hausman

检验表明固定效应模型更为合适。

表 3 - 6　经常账户收支影响因素的实证研究结果

	全部国家和地区	发达国家	发展中国家和地区
实际有效汇率（RER）	- 0. 495 *** [0. 107]	- 0. 031 *** [0. 007]	- 0. 047 *** [0. 014]
储蓄率（SAVING）	0. 627 *** [0. 040]	0. 270 *** [0. 024]	0. 646 *** [0. 053]
财政收支水平（BUDGET）	- 0. 031 [0. 046]	- 0. 081 ** [0. 033]	0. 105 [0. 068]
净对外资产占 GDP 比重 （NFA）	0. 034 *** [0. 007]	0. 056 *** [0. 004]	0. 027 *** [0. 010]
贸易开放度（TRADE）	0. 053 *** [0. 014]	0. 043 *** [0. 005]	0. 064 *** [0. 018]
汇率制度（EXM）	0. 254 * [0. 141]	0. 213 *** [0. 141]	0. 430 ** [0. 215]
金融深化水平（FDEPTH）	- 0. 009 ** [0. 005]	0. 004 [0. 0025]	- 0. 030 *** [0. 010]
金融一体化程度（EINTE）	0. 001 [0. 001]	- 0. 003 *** [0. 001]	0. 006 ** [0. 003]
常数	- 13. 662 *** [2. 030]	- 4. 741 *** [0. 949]	- 17. 823 *** [2. 974]
观测值	673	280	393
国家样本数	88	22	66
F 统计量（p 值）	7. 21 [0. 00]		6. 31 [0. 00]
调整后的 R2	0. 51		0. 47
模型类型	固定效应	GLS	固定效应

注：* 代表 10% 的显著性水平，** 代表 5% 的显著性水平，*** 代表 1% 的显著性水平。

我们发现，无论是在全样本模型中，还是在发达国家与发展中国家和地区模型中，实际有效汇率系数符号显著为负，符合预期。这表明，在其他条件不变的情况下，本币实际有效汇率贬值可以改善经常账户收支，而本币实际有效汇率升值则会恶化经常账户收支。

无论是全样本，还是发达国家、发展中国家和地区样本，储蓄率系数符号显著为正，符合预期。一国储蓄率上升，则经常账户收支改善；反之，一国储蓄率下降，则经常账户收支恶化。而且从各系数相对大小来看，在各影响因素中，储蓄率对经常账户收支影响最大。

从全样本回归来看，财政预算收支系数为负，但并不显著。在发达国家样本中，财政预算收支系数显著为负，这说明对于发达国家"双赤字说"成立。在发展中国家和地区样本中，财政赤字系数为正，但并不显著，表明财政预算收支对发展中国家和地区经常账户收支没有影响或者影响甚微。

对于全样本、发达国家与发展中国家和地区样本，其净对外资产水平系数皆显著为正，符合预期。这表明，一国净对外资产增加，则该国经常账户收支改善；若该国净对外负债增加，则该国经常账户收支恶化。

在全样本、发达国家与发展中国家和地区样本中，贸易开放度的系数均显著为正，这显示贸易开放度对经常账户收支有影响，而且扩大贸易开放度有助于一国改善经常账户收支。

汇率制度系数在全样本、发达国家与发展中国家和地区样本中，都显著为正，这表明，汇率制度对一国贸易收支也有影响。在其他条件不变的情况下，一国汇率制度越灵活，越容易发生经常账户赤字，反之，固定汇率制度倾向于发生经常账户盈余。

金融深化水平系数在发达国家样本中为正，但并不显著，这说明金融深化水平对发达国家经常账户收支没有影响或影响甚微。但从发展中国家和地区经常账户收支影响因素的实证研究来看，金融深化水平系数显著为负，即金融深化水平对发展中国家和地区经常账户收支产生明显影响。具体而言，发展中国家和地区的金融深化水平提高将导致其经常账户收支盈余规模减小或恶化经常账户赤字。

金融一体化系数在发达国家、发展中国家和地区实证模型中，在统计上皆显著，但符号相反，这表明金融一体化程度既影响发达国家经常账户收支，又影响发展中国家和地区的经常账户收支，但其作用方向相反。具体而言，金融一体化水平提高将导致发达国家经常账户收支赤字规模扩大或盈余规模减小，而金融一体化水平提高将导致发展中国家和地区经常账户盈余规模扩大或赤字规模减小。

三 结论

本书对88个经济体从1980年到2007年的经常账户收支影响因素进行了实证分析，研究结果表明，经常账户收支既受国内宏观经济形势影响，如储蓄率、政府预算收支、金融深化水平；也受一国对外经济形势影响，比如实际有效汇率、汇率制度、净对外资产、金融一体化水平、贸易开放度。

对于所有国家，无论是发达国家还是发展中国家和地区，实际有效汇率贬值、提高储蓄率、增加海外净资产、扩大贸易开放度、实行较为固定的汇率制度，将有助于改善经常账户收支（即削减经常账户收支赤字规模或增加盈余规模）。而财政预算、金融深化水平、金融一体化程度对于发达国家和发展中国家和地区的影响则不尽相同。其中，对于发展中国家和地区而言，财政收支水平对经常账户收支的影响不明显；而对于发达国家来说，政府财政赤字能导致经常账户赤字规模扩大或盈余规模缩小，即"双赤字说"在发达国家成立。在发达国家，金融深化水平对经常账户收支无明显影响，而对于发展中国家和地区，提高金融深化水平，有助于减少经常账户盈余规模或导致经常账户赤字规模扩大。金融一体化水平对发达国家与发展中国家和地区经常账户收支的作用方向相反，具体而言，金融一体化水平提高将恶化发达国家经常账户收支，却能改善发展中国家和地区经常账户收支。

由此我们可知，美国的低储蓄、财政赤字，以中国为代表的盈余方高储蓄、相对固定的汇率制度，在金融一体化的背景下，各国不平衡的金融深化水平都或多或少地对当前世界经济失衡有影响。这再次证明，当前世界经济失衡不是一个国家或单方面原因造成的，全球经济失衡调整也不可能依靠单个国家或单方面调整来实现。

第四章

全球经济失衡调整路径研究

　　日益扩大的全球经济失衡规模引发了有关全球经济失衡是否需要调整、何时调整以及如何调整的争论。对这些问题理论界存在不同的观点。相当多的学者认为，当前的全球经济失衡是不可持续的，必然面临调整。人们对调整何时发生不太确定，有些人认为失衡可以持续相当长的一段时间，而有些人认为调整已经迫在眉睫。更大的不确定性在于，将采取何种调整路径和模式。是通过汇率调整，还是通过储蓄率调整？是发生渐进调整，还是激进调整？为了回答以上问题，本书总结回顾了 1980～2009 年 88 个国家和地区经常账户调整的经验。尽管当前的全球经济失衡在很多方面是独特的，比如史无前例的失衡规模、前所未有的金融一体化以及盈余国家内部经济发展的结构因素，过去的调整框架不可能完全适用于当前美国经常账户赤字的调整，但是对过去调整事件的实证研究对于我们探讨美国经常账户赤字调整的可能路径、模式仍旧具有启示意义。

第一节　全球经济失衡调整的三种路径

经常账户收支的弹性理论、吸收理论和资产组合理论，从不同层面、不同角度对经常账户收支进行研究，对经常账户收支调整的路径也有不同认识。据此本书归纳出全球经济失衡调整的三种路径如下：

一　汇率调整路径

以国际收支弹性理论为代表的关于经常项目失衡问题的研究从贸易流量出发，忽略经常项目中所占份额较小的收益项目和经常转移项目，$CA = AE - IM$，CA 代表一国经常项目，AE、IM 分别代表一国进口额和出口额。在购买力平价成立的基础上，一国的进出口额取决于收入效应、汇率效应等。在实证研究中，通常假定进出口需求是贸易伙伴国收入水平、本国收入水平、本国出口商品价格、贸易伙伴国出口商品价格、汇率 S（直接标价法）等变量的函数。这意味着，通过本币汇率调整可以影响一国的经常项目差额：本币汇率贬值，一国经常项目收支改善；本币汇率升值，一国经常项目收支恶化。

二　储蓄率调整路径

储蓄投资视角以国民收支等式 $CA = S - I$（即经常项目等于储蓄减去投资）为分析基础，认为如果一国储蓄大于投资，则出现经常账户盈余；反之，则出现经常账户赤字。这表明，一国可以通过调整储蓄率来改变经常账户收支状态。

三　金融深化水平调整路径

全球资产组合视角的主要观点是，在金融全球化的背景下，新兴经济体内部金融市场欠发达、金融资产短缺，导致其对美国资产需求上升，这是当前全球经济失衡的主要原因。通常对于一国而言，没有资本积累和政府支付的经常项目余额为 $CA_t = B_{t+1} - B_t$，其中 CA_t 代表第 t 期经常项目余额，B_{t+1}、B_t 分别代表第 $t+1$、t 期期末的外汇资产净值。这表明，一国增加外汇资产净值，可以改善经常项目收支；国外增持国内资产将允许该国增加吸收，产生经常项目赤字，并带来实际有效汇率升值。

第二节　全球经济失衡调整路径的经验分析

理论上，世界经济失衡调整可以通过本币汇率贬值、储蓄率上升、金融深化水平[①]下降三条路径来实现。下面本书将对世界经济失衡调整路径进行经验分析。第一，将 1980～2009 年 88 个经济体发生的经常账户反转作为处理组（treatment group），并构建一组未经调整的控制组（control group），利用卡方检验分析处理组和控制组的汇率、储蓄率、金融深化水平变化程度是否一致，来判断本币汇率贬值、储蓄率上升、金融深化是否是世界经济失衡调整的路径；第二，在区分发达国家和发展中国家和地区两个子样本的基础上，判断这两个子样本的调整路径是否一致。

---

① 本书用借贷水平占 GDP 之比来衡量金融深化水平。

一　非参数检验方法原理

非参数检验，又称任意分布检验，它不考虑总体的参数和总体的分布类型，而是对样本所代表的总体的分布或分布位置进行假设检验，这类方法不受总体参数的限制。非参数检验主要是利用样本数据之间的大小比较及大小顺序，对两个或多个样本所属总体是否相同进行检验，而不对总体分布的参数如平均数、标准差等进行统计推断。当样本观测值的总体分布类型未知或知之甚少，无法肯定其性质，特别是观测值明显偏离正态分布，不具备参数检验的应用条件时，常用非参数检验。非参数检验具有计算简便、直观，易于掌握，检验速度较快等优点。

X^2 检验（卡方检验）是非参数检验之一。X^2 分布是一种连续型分布，可用于检验资料的实际频数和按检验假设计算的理论频数是否相符等问题。早在 1875 年，F. Helmet 即得出来自正态总体的样本方差的分布服从卡方分布。1900 年，K. Pearson 也独立地从检验分布的拟合优度发现这一相同的卡方分布。X^2 检验是一种用途广泛的统计方法，主要用于检验两个（或多个）总体率或构成比之间是否有统计学意义，从而推断两个（或多个）总体率或构成比是否相同。

二　样本范围与指标选取

（一）样本范围

考虑数据的可获得性，本节选取 88 个国家和地区为分析样本，国家和地区名单见附录。样本时间范围为 1980 ~ 2009 年。

（二）指标选取与数据来源

1. 实际有效汇率是以 1997 年为基期，经过 CPI 调整的对外贸易比重加权的汇率。数据来源于 BVD 宏观经济数据库。

2. 储蓄率，即国民储蓄（公共部门和私人部门储蓄之和）占名义 GDP 之比，数据来源于 BVD 宏观经济数据库。

3. 金融深化水平。选取合适的指标准确反映金融深化水平，尤其选取反映不同经济发展水平国家的金融深化水平的指标，一直是理论界的难题。根据一般的金融发展指标（如金融相关比率、M2 占 GDP 之比、信贷占 GDP 之比等常用指标），中国的指标数值很高，甚至超过部分发达国家。但是中国金融发展水平的上升主要体现在居民准货币（定期存款、储蓄存款和其他存款）的稳定快速增加上，属于典型的银行导向型金融结构，相对应的金融市场建设却十分滞后，与全球金融一体化的矛盾日益尖锐。有鉴于此，我们选取股票市场交易额占 GDP 之比作为衡量一国金融发展成就的指标。信贷占 GDP 之比数据来源于 BVD 宏观经济数据库；股市交易额占 GDP 之比数据来源于 WDI 数据库。

三 利用非参数检验对全球经济失衡调整的三条路径进行经验分析（全样本）

本书利用非参数检验对世界经济失衡调整的三条路径进行经验分析的步骤如下：第一，将样本区间内识别出的经常账户反转作为处理组，并构造出没有发生经常账户反转的事件作为控制组；第二，对于处理组，假定经常账户在 $t+1$ 年开始调整[1]，计算从

---

[1] 在经常账户调整开始之前的第 t 年为赤字规模最高年份。

第 $t+1$ 到 $t+3$ 年内汇率、储蓄率、金融深化水平的平均值较经常账户调整前的第 t 年该变量值的变化幅度；第三，对于控制组，分别计算后续 3 年汇率、储蓄率、金融深化水平的平均变化幅度；第四，绘制四格表，利用卡方值判断控制组和处理组发生汇率贬值、储蓄率上升、金融深化水平下降幅度概率是否相等。本书卡方检验结果均由 SPSS 16.0 软件计算。

（一）全球经济失衡调整和实际有效汇率变动

表 4 - 1 表明，处理组和控制组本币实际汇率贬值概率分别为 58.45% 和 47.25%。处理组和控制组本币实际汇率贬值概率的卡方检验结果见表 4 -2。

表 4 - 1　本币实际汇率贬值概率（全样本）

类　型	本币实际汇率贬值次数	本币实际汇率升值次数	次　数	本币实际汇率贬值概率（%）
处理组	73	52	125	58.45
控制组	43	48	91	47.25
合　计	116	100	216	53.70

H_0：无论经常账户反转与否，处理组和控制组本币实际汇率贬值概率相等，即经常账户反转与本币实际汇率贬值无关，或本币实际汇率贬值不是世界经济失衡的调整路径；H_1：本币实际汇率贬值是世界经济失衡的调整路径。由于样本观测值大于 40，理论频数皆大于 5，适用于 Pearson 卡方值。如表 4 - 2 所示，Pearson 卡方值为 2.632，自由度为 1，P 值为 0.105，按 $\alpha = 0.05$ 水准，不能拒绝零假设，这意味着本币实际汇率贬值不是世界经济失衡的

调整路径之一。这一研究结果表明，实际汇率贬值无法实现世界经济失衡调整。本书的实证结果再次证明了所谓的"调整之谜"，即为什么汇率对贸易收支的调整并不是如此有效。

表 4-2　两组本币实际汇率贬值概率的卡方检验（全样本）

	值	自由度	P 值
Pearson 卡方值	2.632	1	0.105
连续性校正的卡方值	2.203	1	0.138
似然比值	2.633	1	0.105
Fish'er 检验值	n. a.	n. a.	0.129
有效观测值数量	216	n. a.	n. a.

注：n. a. 代表不存在对应值。

（二）世界经济失衡调整和储蓄率变动

储蓄率上升概率的四格表见表 4-3，处理组和控制组储蓄率上升的概率分别为 72.26% 和 59%。

表 4-3　储蓄率上升概率（全样本）

类　型	储蓄率上升次数	储蓄率下降次数	次　数	储蓄率上升概率（%）
处理组	99	38	137	72.26
控制组	59	41	100	59
合　计	158	79	237	66.675

两组储蓄率上升概率的卡方检验结果见表 4-4。H_0：储蓄率上升不是全球经济失衡调整路径之一；H_1：储蓄率上升是全球经济失衡调整路径之一。由于样本观测值大于 40，理论频数皆大于 5，适用于 Pearson 卡方值。如表 4-4 所示，Pearson 卡方值为 4.576，自由度为 1，P 值为 0.032，按 $\alpha = 0.05$ 水准，

拒绝零假设，这意味着，储蓄率上升是经常账户赤字调整的有效路径之一。

表4-4 两组储蓄率上升概率的卡方检验（全样本）

	值	自由度	P 值
Pearson 卡方值	4.576	1	0.032
连续性校正的卡方值	3.998	1	0.046
似然比值	4.552	1	0.033
Fish'er 检验值	n. a.	n. a.	0.037
有效观测值数量	237	n. a.	n. a.

注：n. a. 代表不存在对应值。

（三）世界经济失衡调整和金融深化水平变动

首先利用信贷水平占 GDP 之比作为金融深化水平的替代指标，为了获得稳健实证结果，接着利用股票市值占 GDP 之比作为金融深化的替代指标。

信贷水平下降概率的四格表见表4-5，两组信贷水平下降概率的卡方检验结果见表4-6。虽然卡方检验结果表明信贷水平下降与经常账户反转无关，但这并不能说明金融深化水平降低不是世界经济失衡调整的路径之一，其中可能的原因是信贷水平不能准确反映一国金融深化水平。因此我们选取股票市场价值占 GDP 之比作为金融深化水平的代理变量。

表4-5 信贷水平下降的概率（全样本）

类 型	信贷水平减少次数	信贷水平增加次数	次 数	信贷水平减少概率（%）
处理组	64	89	153	41.83
控制组	44	56	100	44
合 计	108	145	253	42.69

表 4 - 6　两组信贷水平下降概率的卡方检验（全样本）

	值	自由度	P 值
Pearson 卡方值	0.116	1	0.733
连续性校正的卡方值	0.045	1	0.833
似然比值	0.116	1	0.733
Fish'er 检验值	n. a.	n. a.	0.795
有效观测值数量	253	n. a.	n. a.

注：n. a. 代表不存在对应值。

利用 1988 ~ 2009 年[①] 88 个经济体的股票市场价值占 GDP 比重数据，得出的卡方检验结果见表 4 - 7、表 4 - 8。

表 4 - 7　股票市场价值占 GDP 比重下降的概率（全样本）

类　型	股票市场价值占 GDP 比重下降次数	股票市场价值占 GDP 比重下降次数	次　数	股票市场价值占 GDP 比重下降概率（%）
处理组	21	28	49	42.86
控制组	12	27	39	30.77
合　计	33	55	88	37.50

表 4 - 8　两组股票市场价值占 GDP 比重下降概率的卡方检验（全样本）

	值	自由度	P 值
Pearson 卡方值	1.354	1	0.245
连续性校正的卡方值	0.887	1	0.346
似然比值	1.365	1	0.733
Fish'er 检验值	n. a.	n. a.	0.243
有效观测值数量	88	n. a.	n. a.

注：n. a. 代表不存在对应值。

---

① 此处选用与前文不一样的样本区间，前文选用 1980 ~ 2009 年的数据，主要是根据 BVD 数据库的统计资料，选取尽可能长的统计区间。而股票市值占 GDP 之比指标数据来源于 WDI 数据库，最长时间跨度为 1988 ~ 2009 年，这是考虑到中国从 20 世纪 90 年代才正式建立股票市场。

从表 4 - 8 可以看出，卡方值为 0. 887，自由度是 1，$p = 0.346 > 0.05$，这说明处理组和控制组股票市场价值占 GDP 比重下降概率不存在显著差异，无法说明股票市场价值占 GDP 比重下降是经常账户反转的路径。

在尝试用多个指标作为金融深化水平的代理变量后，其结论都表明处理组和控制组金融深化水平下降并不存在显著差异，这说明对于全样本而言，金融深化并非经常账户调整路径。之所以与资产组合理论不符，其中一个非常重要的原因是：按照经常账户收支的资产组合理论，可以通过降低金融深化水平来实现经常账户赤字反转的路径；然而在当前金融一体化、金融深化的背景下，没有国家愿意降低金融深化水平。

考虑到发达国家和发展中国家除了存在经济发展水平差异之外，经济制度、经济结构等方面均存在差异，本书将样本分为发达国家样本和发展中国家和地区样本两个子样本，以考察它们的调整路径是否有差别。

四　利用非参数检验对全球经济失衡调整的三条路径进行经验分析（发达国家样本）

将本书样本中的 88 个国家和地区划分为发达国家样本和发展中国家和地区样本，其中发达国家样本包括澳大利亚、加拿大、丹麦、芬兰、法国、德国、希腊、日本、冰岛、爱尔兰、以色列、意大利、韩国、荷兰、新西兰、挪威、西班牙、瑞典、瑞士、英国、美国等 21 个国家，其余的 67 个国家和地区属于发展中国家和地区样本。

(一) 全球经济失衡调整和实际有效汇率变动

表4-9为发达国家本币实际有效汇率贬值的四格表，在发达国家样本中，经过经常账户反转的事件本币实际有效汇率贬值的概率是69.57%，而未经过经常账户反转的事件贬值的概率是22.22%。

表4-9　本币实际有效汇率贬值概率（发达国家样本）

类　　型	本币实际有效汇率贬值次数	本币实际有效汇率升值次数	次　　数	本币实际有效汇率贬值概率（%）
处理组	16	7	23	69.57
控制组	8	28	36	22.22
合　计	24	35	59	40.68

卡方检验的结果见表4-10。H_0：发达国家本币实际有效汇率贬值不是经常账户赤字反转的路径；H_1：发达国家本币实际有效汇率贬值是经常账户赤字反转的路径。由于样本观测值大于40，理论频数皆大于5，适用于Pearson卡方值。如表4-10所示，Pearson卡方值为13.035，自由度为1，P值为0，按$\alpha = 0.05$水准，拒绝零假设，这意味着对于发达国家而言，本币实际有效汇率贬值是经常账户赤字反转的路径。

表4-10　两组本币实际有效汇率贬值概率的卡方检验（发达国家样本）

	值	自由度	P值
Pearson卡方值	13.035	1	0
连续性校正的卡方值	11.147	1	0.001
似然比值	13.322	1	0
Fish'er检验值	n. a.	n. a.	n. a.
有效观测值数量	59	n. a.	n. a.

注：n. a. 代表不存在对应值。

（二）世界经济失衡调整和储蓄率变动

表4-11、表4-12分别是发达国家经常账户反转时储蓄率上升的四格表、卡方检验结果。由卡方检验结果可知，在发达国家样本中储蓄率上升并不是其经常账户反转的路径。

表4-11 储蓄率上升概率（发达国家样本）

类 型	储蓄率上升次数	储蓄率下降次数	次 数	储蓄率上升概率（%）
处理组	13	10	23	56.52
控制组	19	16	35	54.29
合 计	32	26	58	55.17

表4-12 两组储蓄率上升概率的卡方检验（发达国家样本）

	值	自由度	P 值
Pearson 卡方值	0.028	1	0.867
连续性校正的卡方值	0	1	1
似然比值	0.028	1	0.867
Fish'er 检验值	n. a.	n. a.	n. a.
有效观测值数量	58	n. a.	n. a.

注：n. a. 代表不存在对应值。

（三）世界经济失衡调整和金融深化水平变动

表4-13、表4-14分别是发达国家经常账户反转时信贷水平下降的四格表、卡方检验结果。由卡方检验结果可知，在发达国家样本中信贷水平下降并不是其经常账户反转的路径。

表4-13 信贷水平下降的概率（发达国家样本）

类 型	信贷水平减少次数	信贷水平增加次数	次 数	信贷水平减少概率（%）
处理组	9	16	25	36
控制组	7	25	32	21.88
合 计	16	41	57	28.07

表 4 - 14　两组信贷水平下降概率的卡方检验（发达国家样本）

	值	自由度	P 值
Pearson 卡方值	1.387	1	0.239
连续性校正的卡方值	0.776	1	0.379
似然比值	1.381	1	0.24
Fish'er 检验值	n. a.	n. a.	0.795
有效观测值数量	57	n. a.	n. a.

注：n. a. 代表不存在对应值。

　　利用股票市场总值占一国 GDP 比重作为金融深化水平的度量指标，表 4 - 15、表 4 - 16 分别是发达国家经常账户反转时股票市场总值占一国 GDP 比重下降的四格表、卡方检验结果。

表 4 - 15　金融深化水平下降的概率（发达国家样本）

类　　型	信贷水平减少次数	信贷水平增加次数	次　　数	信贷水平减少概率（%）
处理组	4	7	11	36.36
控制组	5	15	20	25
合　　计	9	22	31	29.03

表 4 - 16　两组股票市场价值占 GDP 比重下降概率的卡方检验（发达国家样本）

	值	自由度	P 值
Pearson 卡方值	0.445	1	0.505
连续性校正的卡方值	0.064	1	0.8
似然比值	0.437	1	0.508
Fish'er 检验值	n. a.	n. a.	0.683
有效观测值数量	31	n. a.	n. a.

注：n. a. 代表不存在对应值。

　　由表 4 - 16 可知，Pearson 卡方值为 0.445，自由度是 1，P 值为 0.505 > 0.05，这表明发达国家处理组和控制组的股票市场价值占 GDP 比重并没有显著差异，也即金融深化水平下降并非发达国家实现经常账户赤字反转的路径。

五　利用非参数检验对全球经济失衡调整的三条路径进行经验分析（发展中国家和地区样本）

（一）全球经济失衡调整和实际有效汇率变动

表 4 - 17 是发展中国家和地区本币实际有效汇率贬值的四格表，处理组本币实际有效汇率贬值的概率是 61.67%，控制组本币实际有效汇率贬值的概率是 54.72%。

表 4 - 17　本币实际有效汇率贬值概率（发展中国家和地区样本）

类　型	本币实际有效汇率贬值次数	本币实际有效汇率升值次数	次　数	本币实际有效汇率贬值概率（%）
处理组	63	39	102	61.76
控制组	29	24	53	54.72
合　计	92	63	155	59.35

表 4 - 18 是卡方检验结果。H_0：对于发展中国家和地区，本币实际有效汇率贬值不是经常账户赤字反转的路径；H_1：对于发展中国家和地区，本币实际有效汇率贬值是经常账户赤字反转的路径。由于样本观测值大于 40，理论频数皆大于 5，适用于 Pearson 卡方值。如表4 - 18 所示，Pearson 卡方值为 0.718，自由度为 1，P 值为 0.397，按 α = 0.05 水准，不能拒绝零假设，这意味着对于发展中国家和地区而言，本币实际有效汇率贬值不是经常账户赤字反转的路径。

表 4 - 18　两组本币实际有效汇率贬值概率的卡方检验（发展中国家和地区样本）

	值	自由度	P 值
Pearson 卡方值	0.718	1	0.397
连续性校正的卡方值	0.456	1	0.5
似然比值	0.715	1	0.398
Fish'er 检验值	n. a.	n. a.	n. a.
有效观测值数量	155	n. a.	n. a.

注：n. a. 代表不存在对应值。

（二）世界经济失衡调整和储蓄率变动

表4-19、表4-20分别是发展中国家和地区储蓄率上升的四格表、卡方检验结果。由卡方检验结果可知，对于发展中国家和地区来说，储蓄率上升是其经常账户反转的路径。

表4-19　储蓄率上升概率（发展中国家和地区样本）

类　型	储蓄率上升次数	储蓄率下降次数	次　数	储蓄率上升概率（%）
处理组	85	25	110	77.27
控制组	36	26	62	58.06
合　计	121	51	172	69.94

表4-20　两组储蓄率上升概率的卡方检验（发展中国家和地区样本）

	值	自由度	P值
Pearson卡方值	7.013	1	0.008
连续性校正的卡方值	6.123	1	0.013
似然比值	6.869	1	0.009
Fish'er检验值	n.a.	n.a.	n.a.
有效观测值数量	172	n.a.	n.a.

注：n.a.代表不存在对应值。

（三）世界经济失衡调整和金融深化水平变动

表4-21、表4-22分别是发展中国家和地区信贷水平下降的四格表、卡方检验结果。由卡方检验结果可知，对于发展中国家和地区来说，信贷水平下降并不是其经常账户反转的路径。

表4-21　信贷水平下降的概率（发展中国家和地区样本）

类　型	信贷水平减少次数	信贷水平增加次数	次　数	信贷水平减少概率（%）
处理组	59	67	126	46.83
控制组	35	27	62	56.45
合　计	94	94	188	50

表 4 - 22　两组信贷水平下降概率的卡方检验（发展中国家和地区样本）

	值	自由度	P 值
Pearson 卡方值	1. 54	1	0. 215
连续性校正的卡方值	1. 179	1	0. 278
似然比值	1. 543	1	0. 214
Fish'er 检验值	n. a.	n. a.	n. a.
有效观测值数量	188	n. a.	n. a.

注：n. a. 代表不存在对应值。

利用股票市场总值占一国 GDP 比重作为金融深化水平的度量指标。表 4 - 23、表 4 - 24 分别是发展中国家和地区股票市场价值占 GDP 比重下降的四格表、卡方检验结果。

表 4 - 23　信贷水平下降的概率（发展中国家和地区样本）

类　型	信贷水平减少次数	信贷水平增加次数	次　数	信贷水平减少概率（%）
处理组	17	21	38	44. 74
控制组	7	12	19	36. 84
合　计	24	33	57	42. 11

由表 4 - 24 可知，Pearson 卡方值为 0.969，自由度为 1，P 值为 0.325 > 0.05，这表明不能拒绝原假设：处理组和控制组股票市场总值占 GDP 比重下降的概率不存在显著差异。这意味着，对于发展中国家和地区来说，股票市场总值占 GDP 比重下降并不是其经常账户反转的路径。

表 4 - 24　两组股票市场总值占 GDP 比重下降概率的卡方检验
（发展中国家和地区样本）

	值	自由度	P 值
Pearson 卡方值	0. 969	1	0. 325
连续性校正的卡方值	0. 505	1	0. 477
似然比值	0. 982	1	0. 322
Fish'er 检验值	n. a.	n. a.	0. 416
有效观测值数量	60	n. a.	n. a.

注：n. a. 代表不存在对应值。

信贷水平、股票市场总值占 GDP 比重皆为一国金融深化水平的替代变量。综合以上分析，金融深化水平下降并不是发展中国家和地区实现经常账户反转的路径。

六 结论

理论上，从汇率弹性视角、国民收支吸收分析法和资产组合角度出发，实际有效汇率贬值、储蓄率上升、金融深化水平下降都是一国经常账户赤字反转的路径。本书利用 1980～2009 年 88 个国家和地区的经常账户反转的相关数据，构造一组未经经常账户反转的控制组，采用卡方检验，对经常账户反转路径进行经验分析（见表4－25）。

表 4－25　经常账户赤字调整路径实证结果（卡方检验）

	全样本	发达国家	发展中国家和地区
实际有效汇率贬值	否	是	否
储蓄率上升	是	否	是
金融深化水平下降	否	否	否

本节首先利用卡方检验，考察样本内 88 个国家和地区的经常账户调整路径，识别出储蓄率上升是经常账户反转的路径。考虑到发达国家、发展中国家和地区不同的经济发展水平、经济制度等，将样本分为发达国家样本、发展中国家和地区样本，分别利用卡方检验验证实际有效汇率贬值、储蓄率上升、金融深化水平下降是否是发达国家、发展中国家和地区经常账户反转的路径。我们发现：

第一，无论发达国家还是发展中国家和地区，皆不倾向于利用降低金融深化水平来实现其经常账户赤字反转。这与全球金融深化、一体化的客观规律相关。在全球金融深化、金融一体化的趋势下，伴随着经济发展，各国金融深化水平在不断提高，自然不会反其道而行之，通过降低金融深化水平来实现经常账户反转。

第二，发达国家主要依靠本币实际有效汇率贬值来实现其经常账户反转，而发展中国家和地区主要依靠国内储蓄率上升来实现经常账户反转。其一，发达国家普遍实行较为灵活的汇率制度，因此更倾向于依靠汇率贬值来实现经常账户赤字反转。其二，处于不同发展阶段的国家和地区，受收入水平、文化传统、社会保障体制等因素影响，其储蓄倾向高低不同；对于发达国家来说，居民储蓄率普遍较低，在短期内，很难通过提高储蓄率来削减经常账户赤字。其三，通过汇率贬值来实现经常账户反转实际上是"支出转换政策"，而通过储蓄率上升来实现经常账户反转是"支出削减政策"，这两条经常账户反转路径所对应的成本必然不同。这有待进一步研究。

第五章

全球经济失衡调整模式、影响因素及其成本比较研究

按照全球经济失衡调整完成时间长短，将全球经济失衡调整分为两种模式：渐进调整模式和激进调整模式。假定在第 t 年经常账户赤字规模最大，则意味着从第 t + 1 年开始调整。若在 1 年之内，即在第 t + 1 年完成调整，则称为激进调整；若在 2 年到 4 年之内完成调整，则称为渐进调整。本章在区分这两种调整模式的基础上，探讨这两种调整模式发生概率的影响因素，并采用处理效应模型，比较两种调整模式所对应的调整成本大小。

第一节　全球经济失衡调整的两种模式

为了研究的方便，不同学者对经常账户反转给出的具体识别标准并不一样。Milesi - Ferretti 和 Razin（1998）认为经常账户反转是指，经常账户占 GDP 比例上升或下降 3% 或 5% 以及发生逆转前后的时间段均为 3 年。Edwards（2004）给出了两种经常账户赤字调整定义，第一，在一年之内经常账户赤字占 GDP 之比至少减

少 4%；第二，在三年之内经常账户赤字占 GDP 之比至少减少6%。Freund（2005）则认为经常账户反转要满足逆转前经常账户赤字额占 GDP 比例超过 2%，并且在 3 年内经常账户赤字占 GDP比例的平均值至少降低 2% 以及持续时间为 5 年等条件。张建清（2008）认为以往研究对所有国家都限定一个固定数值的调整规模，没有充分考虑不同国家经常账户失衡调整的多样性，取而代之应以每个样本国家或地区的经常账户占 GDP 比例在观测期内的标准差作为调整标准，在其研究中经常账户调整是指在4 年之内经常账户赤字规模至少缩减一个标准差，且调整持续时间为 3 年。从现有研究文献来看，经常账户调整的识别标准包括四个方面：第一，经常账户初始状态；第二，经常账户调整规模；第三，完成经常账户调整所需时间；第四，经常账户调整的持续时间。在现有有关经常账户反转识别标准的研究基础之上，本书在考察 90 个经济体[1] 1980 年到 2009 年的经常账户调整时发现：第一，以往研究大多没有具体定义初始经常账户赤字的规模[2]；第二，在完成经常账户调整所需时间方面，没有区分渐进调整和激进调整。在定义经常账户反转时，本书旨在捕捉经常账户失衡大幅的、持续的改善，而非由于消费平滑导致的经常账户的短期波动。在参考以往研究的基础上，本书将经常账户调整分为渐进调整和激进调整，划分依据是完成调整所需时间的长短。

　　经常账户赤字调整满足以下四个条件：第一，为了突出调整

---

① 90 个国家和地区名单见附录。

② 以经常账户赤字占 GDP 之比的绝对值来衡量。

的必要性，初始经常账户赤字规模（即 t=0 时）大于该国在样本期间经常账户中位值的绝对值①，大于该年份全球经常账户中位值。第二，调整规模为该国在观察期历年（本书为 1980 年到 2009 年）经常账户的标准差。第三，激进调整意味着在一年之内（即在第 t+1 年）完成调整，即在一年之内经常账户赤字规模削减一个标准差，若在 2 年到 4 年之内（即在第 t+2 年到第 t+4 年期间）经常账户赤字规模削减一个标准差，则为渐进调整。第四，在调整完成的 3 年内，经常账户赤字要小于初始状态值。

经常账户反转开始时刻即赤字开始调整之年。按照本书的识别标准，1980~2009 年，90 个样本国家和地区中经常账户激进调整和渐进调整发生的次数及概率如表 5-1 所示。其中总观测样本数为 2430（即 90×27）②，经常账户赤字激进调整次数为 73，概率为 3.01%；经常账户赤字渐进调整次数为 90，概率为 3.70%。总体而言，经常账户赤字调整的概率为 6.71%，该结果与 Edwards（2004）、张建清（2008）等人的研究结果近似。

表 5-1 经常账户反转的概率：1980~2009 年

经常账户反转类型	次　数	概　率（%）
激进调整	73	3.01
渐进调整	90	3.70
总　　计	163	6.71

注：总观测样本数为 2430（即 90×27）。

数据来源：根据 EIU 宏观经济数据库相关数据计算。

---

① 第 t 年为该国在发生经常账户调整之前最大经常账户赤字规模的年份。

② 因为在 2006 年以后无法观测到完整的调整，故计算总样本数时，观测期年份取值为 27。

第二节　两种全球经济失衡调整模式
发生概率的影响因素

在将经常账户反转按其完成所需时间长短分为渐进调整和激进调整之后，我们探讨了这两种调整模式发生概率的影响因素，在此基础上，比较两种调整模式的成本大小，以期为当前世界经济失衡调整提供一些借鉴。

一　全球经济失衡调整模式发生概率的实证模型构建

由于本书选取的数据样本是面板数据（Panel Data）型的，而且被解释变量是离散型的，因而在模型的选择上必然要建立离散面板数据模型。

（一）基于面板数据的排序选择模型简介

1. 面板回归模型

面板数据（Panel Data）是由时间序列数据和横截面数据结合而成的数据集。设有因变量 y_{it} 与 $1 \times k$ 维解释向量 x_{it}，满足线性关系。

$$y_{it} = \partial_{it} + x_{it}\beta_{it} + u_{it} \qquad i = 1, 2, \cdots N \qquad t = 1, 2, \cdots, T \qquad (5-1)$$

式（5-1）是考虑 k 个经济指标在 N 个个体及 T 个时间点上的变动关系。其中，N 表示个体截面成员的个数，T 表示每个截面成员的观测时期总数，参数 ∂_{it} 表示模型的常数项，β_{it} 表示对应于解释向量 x_{it} 的 $k \times 1$ 维向量，k 表示解释变量个数。随机误差项 u_{it} 相互独立且满足零均值、等方差的假设。

2. 面板数据的优势

在经济研究中，面板数据相对于截面数据或时间序列数据而言有如下一些优势：[①]

1）面板数据通常包括比截面数据和时间数据更大的数据量，可以增加自由度和减少解释变量间的共线性问题，从而提高估计的有效性。

2）面板数据将个体差异与个体的动态变化相结合，在分析复杂经济问题时更为有效，可以实现仅用截面数据或时间序列数据难以达到的分析效果。

3）面板数据能为总体数据分析提供微观基础。基于总体数据的分析常需借助"有代表性代理"的假定，如果微观单位存在异质性，那么"有代表性代理"的假定并不成立。因此，基于总体数据的政策评价就可能是错误的，而面板数据通过大量个体的时间序列观测值，可以更好地研究异质性问题。

3. 面板数据的离散选择模型

通常的经济计量模型都假定因变量是连续的，但是在现实的经济生活中经常面临许多选择问题，需要在可供选择的有限多个方案中作出选择，与通常被解释变量是连续变量的假设相反，此时因变量只取有限多个离散的值。为克服传统计量经济学只能分析定量变量的不足，一些计量经济学家提出了虚拟变量理论。虚拟变量最初只作为解释变量，到了20世纪80年代后才出现虚拟因变量模型。被解释变量为非连续的定性变量的

---

① 邓晓卫：《中国上市公司控制权转移影响因素研究》，华中科技大学博士学位论文，2008。

计量模型，称为离散因变量模型，或者称为离散选择模型。根据定性因变量的不同情况可以分为二元模型和多元模型，不同类型的虚拟因变量模型的基本原理类似。[①]

使用线性概率模型可能会出现两方面的问题：一是拟合出来的概率可能大于 1 或者小于 0；二是任何解释变量的偏效应不变。为克服这两个方面的缺陷，出现了更复杂的离散选择模型——Logit 模型和 Probit 模型。面板数据的 Logit 模型和 Probit 模型能从满足经典线性模型假定的潜变量模型得出。

当被解释变量不只是两种选择时，要用到多元选择模型。与一般的多元选择模型不同，排序选择问题需要建立排序选择模型。本节实证模型中因变量代表三种经常账户状态：经常账户没有经历反转、经常账户渐进调整、经常账户激进反转，适用于三元选择模型。下面介绍三元选择模型的基本原理。

设有一个潜在变量 y_i^*，是不可观测的，它与 X_i 之间具有线性关系，即

$$y_{it}^* = X_{it}\beta + u_{it}^* \qquad i = 1, 2, \cdots, N \qquad t = 1, 2, \cdots, T \qquad (5-2)$$

y_{it}^* 取决于 X_{it}，u_{it}^* 是独立同分布的随机变量。可观测的是 y_{it}，y_{it} 有 0，1，2 共 3 个取值，y_{it} 可以通过 y_{it}^*，按下式得到

$$y_{it} = \begin{cases} 0 & \text{如果 } y_{it}^* \leq c_1 \\ 1 & \text{如果 } c_1 < y_{it}^* \leq c_2 \\ 2 & \text{如果 } c_2 < y_{it}^* \end{cases} \qquad (5-3)$$

于是，y_{it} 的期望即是 y_{it} 的响应概率，设 u^* 的分布函数为 F

① 高铁梅：《计量经济分析方法与建模》，清华大学出版社，2006。

（x），可以得到如下的概率：

$$P\ (y_{it}=0)\ =F\ (c_1-X_{it}\beta)$$
$$P\ (y_{it}=1)\ =F\ (c_2-X_{it}\beta)\ -F\ (c_1-X_{it}\beta) \qquad (5-4)$$
$$P\ (y_{it}=2)\ =1-F\ (c_2-X_{it}\beta)$$

分布函数 $F\ (x)$ 的类型决定了多元选择模型的类型。根据分布函数 $F\ (x)$ 的不同可以有 3 中常见的模型：Probit 模型、Logit 模型和 Extreme value 模型。仍然采用极大似然方法估计参数，临界值 c_1、c_2 事先也是不确定的，所以也作为参数和回归系数一起估计。

1）若 $u_{it}\mid X_{it}\sim N\ (0,1)$，即 $\phi_{u_u}\ (z)\ =\dfrac{1}{\sqrt{2\pi}}e^{-\frac{z^2}{2}}$，$F\ (x)$ 为标准正态分布，则

$$P\ (y_{it}=0)\ =\Phi\ (c_1-X_{it}\beta)$$
$$P\ (y_{it}=1)\ =\Phi\ (c_2-X_{it}\beta)\ -\Phi\ (c_1-X_{it}\beta) \qquad (5-5)$$
$$P\ (y_{it}=2)\ =1-\Phi\ (c_2-X_{it}\beta)$$

2）若 u_{it} 的概率密度函数是以标准的 Logit 函数给出，$F\ (x)$ 为逻辑分布，即

$$\Lambda_{u_{it}}\ (z)\ =\frac{\exp\ (z)}{1+\exp\ (z)} \qquad (5-6)$$

则

$$P\ (y_{it}=0)\ =\frac{\exp\ (c_1-X_{it}\beta)}{1+\exp\ (c_1-X_{it}\beta)}=\Lambda\ (c_1-X_{it}\beta)$$

$$P\ (y_i=1)\ =\frac{\exp\ (c_2-X_{it}\beta)}{1+\exp\ (c_2-X_{it}\beta)}-\frac{\exp\ (c_1-X_{it}\beta)}{1+\exp\ (c_1-X_{it}\beta)}=-\Lambda\ (c_1-X_{it}\beta)$$

$$P\ (y_i=2)\ =1-\frac{\exp\ (c_2-X_{it}\beta)}{1+\exp\ (c_2-X_{it}\beta)}=1-\Lambda\ (c_2-X_{it}\beta)$$

$$(5-7)$$

建立离散选择模型的主要目的是解释 X_{it} 对响应概率 P（$y_i = 0$, 1, 2）的影响，累积分布函数的非线性性质使得对模型参数的估计及解释十分困难。但当累积分布函数可微时，对 β_i 的估计可利用偏极大似然估计（MLE）方法。

4. 面板离散选择模型的极大似然估计（Maximum Likelihood Estimation，MLE）**方法**

当样本观察值 X_{it} 已知时，c、β 的似然函数为：

$$L(c, \beta) = [y_i = 0] \log [\phi(c_1 - x_i\beta)] + [y_i = 1] \log [\phi(c_2 - x_i\beta) -$$
$$\phi(c_1 - x_i\beta)] + [y_i = 2] \log [1 - \phi(c_2 - x_i\beta)] \tag{5-8}$$

我们可以用其他一些分布函数代替 ϕ。用 logit 函数 Λ 代替 ϕ 就可以得到有序 Logit 模型（Ordered Logit Model）。

对于三元有序 Probit 模型来说，

$$\partial p_0(x) / \partial x_k = -\beta_k \phi(c_1 - x\beta)$$
$$\partial p_1(x) / \partial x_k = \beta_k \phi(c_1 - x\beta) - \beta_k \phi(c_2 - x\beta) \tag{5-9}$$
$$\partial p_2(x) / \partial x_k = \beta_k \phi(c_2 - x\beta)$$

在离散选择模型中，估计系数 β 不能被解释成对因变量的边际影响，只能从符号上判断。如果为正，表明解释变量越大，因变量取值为 2 的概率越大；反之，如果系数为负，表明相应的概率将越小。尽管 x_i 对概率 $P(y = 0 \mid x)$、$P(y = 1 \mid x)$、$P(y = 2 \mid x)$ 的效应方向确实是由 β_k 的符号来决定的，但 β_k 的符号并不能单独决定中间结果 1 的效应方向。例如假定 $\beta_k > 0$，于是 $\partial p_0(x) / \partial x_k < 0$ 且 $\partial p_2(x) / \partial x_k > 0$，但是 $\partial p_1(x) / \partial x_k$ 可以是两者之中的任一个符号。如果 $\mid c_1 - x\beta \mid < \mid c_2 - x\beta \mid$，那么 $\partial p_1(x) / \partial x_k$ 是正的；反之，它就是负的。

（二）全球经济失衡调整模式发生概率的实证模型构建

以往的研究〔如 Milesi – Ferretti 和 Razin（1998）、Edwards（2004）、张建清（2008）等〕在探讨全球经济失衡调整发生概率的影响因素时，没有区分渐进调整和激进调整，皆建立二元离散选择 Probit 模型。其中，被解释变量在经常账户失衡调整开始的年份赋值为 1 而在其他年份赋值为 0。本书与这些研究的区别在于：将经常账户失衡调整区分为渐进调整和激进调整，构建三元离散选择模型；并分别建立 Probit 模型和 Logit 模型来估计，以加强实证结果的稳健性。

存在个体效应的面板离散选择模型为：

$$y_{i,t}^* = \xi_{i,t} + X_{i,t}\beta + u_{i,t}^* \qquad\qquad (5-10)$$

1. 虚拟因变量的设定

在离散选择模型中，被解释变量 $y_{i,t}$ 在经常账户失衡激进调整的年份赋值为 2，在经常账户失衡渐进调整的年份赋值为 1，而在其他年份赋值为 0[①]。

2. 自变量的确定

根据计量模型构建原理，模型中的解释变量过多或过少都对模型的预测效果造成不利影响。因此，在建立模型之前，必须先对指标进行筛选，选出那些在经常账户失衡调整中发挥关键作用的指标。为了保证指标筛选的客观性、科学性，本书借鉴 Ciarlone

---

① 由于激进调整模式完成调整仅需 1 年，则激进调整发生的年份（第 t + 1 年）赋值为 2；而渐进调整模式完成调整需要 n 年（2 ≤ n ≤ 4），在渐进调整过程的 n 年（第 t + 1 年，第 t + 2 年，…第 t + n 年）皆赋值为 1。

与 Trebeschi（2005）提出的"逐步排除法"进行指标筛选。

$X_{i,t}$ 为影响经常账户失衡调整的宏观经济因素、金融变量、制度因素等。根据国内外已有研究，经济、政治、制度等方面的众多因素都会对经常账户失衡调整产生影响。在国内外相关研究的基础上，本书归纳出以下经常账户失衡调整的影响因素。

1）经常账户收支占 GDP 之比（CA）。若一国经常账户处于赤字状态，则其取值为负；若一国经常账户处于顺差状态，则其取值为正。在其他条件相等的情况下，预期其系数为负，这意味着，一国经常账户赤字规模越大，越有可能发生经常账户反转。

2）外债占 GDP 之比（DEBT）。理论上认为，在其他条件相同的情况下，一国外债规模越高，其跨期偿付能力将变得更困难，更容易发生经常账户调整。预期其系数为正，这意味着，一国外债规模越大，越有可能发生经常账户反转。

3）国际储备占 GDP 之比（RES）。预期其系数为负，意味着其他条件不变的情况下，拥有较高储备的经济体发生调整的可能性较小。

4）国内信贷占 GDP 之比（CREDIT）。我们用国内信贷占 GDP 之比作为一国金融深化水平的代理变量，其系数府号未知。

5）政府财政预算占 GDP 之比（BUDGET）。如果一国财政预算为盈余，则该指标取正值；反之，若一国财政预算为赤字，则该指标取负值。在回归模型中，预期其系数符号为负，这意味着，一国若财政状况恶化，则更容易发生经常账户反转。

6）贸易开放度（TRADE）。本书选取一国进出口总额占 GDP 比例来衡量贸易开放度。一国的贸易开放度与其调整行为之间存在什么样的关系，贸易开放度如何影响调整模式，其系数符号未知。

7）汇率制度（EXM）。汇率制度分类最根本的问题是基于何种汇率进行分类。现有文献对汇率制度分类的归纳，一般有两种方法：一种是基于事实上（de facto）的分类；另一种是基于各国所公开宣称的法定上（de jure）的分类。Levy – Yeyaf 和 Sturzenegger（2003，2005）的分类（LYS 分类）是基于事实上的分类。LYS 分类将汇率制度分为 5 种，取值分别为 1，2，3，4，5。其中，汇率制度取值越小，代表其自由程度越高；反之，汇率制度取值越大，意味着该汇率制度越接近固定汇率制度。在实证模型中纳入汇率制度变量，探讨汇率变动的灵活程度与经常账户反转之间的关系，其系数符号未知。

二　数据及实证过程

考虑数据的可获得性，本节选取 74 个国家为分析样本，具体国家名单见附录。样本时间范围为 1995 ~ 2009 年。

离散选择面板模型主要有随机效应模型和固定效应模型，如果个体效应 ξ_i 与所有解释变量均不相关，则称为随机效应模型，因为可以将个体效应 ξ_i 纳入扰动项中来估计。如果 ξ_i 与解释变量相关，则称为固定效应模型。在这种情况下，OLS 估计是不一致的，Charmanblain（1980）提出了条件极大似然估计。具体应该选择随机效应模型还是固定效应模型，一般通过 Hausman 检验来判断。从检验结果看，在 95% 的置信水平下不拒绝原假设（原假设 H_0：随机效应模型；H_1：固定效应模型），即选择随机效应模型。

利用统计软件 Stata 10.0 进行模型回归，结果见表 5 – 2。

表 5 – 2 经常账户反转发生概率的 Probit 模型和 Logit 模型 (全样本)

	Probit 模型	Logit 模型
	模型 (1)	模型 (2)
CA (−1)	− 0. 354 ***	− 0. 639 ***
	[0. 070]	[0. 126]
DEBT (−1)	− 0. 015 ***	− 0. 029 ***
	[0. 005]	[0. 009]
RES (−1)	− 0. 040	− 0. 075
	[0. 028]	[0. 051]
CREDIT (−1)	0. 007	0. 013
	[0. 005]	[0. 009]
TRADE (−1)	0. 014 *	0. 026 *
	[0. 008]	[0. 014]
BUDGET (−1)	− 0. 011	0. 005
	[0. 052]	[0. 094]
EXM (−1)	− 0. 184	− 0. 336
	[0. 121]	[0. 214]
常数项	− 2. 288 ***	− 4. 132 *
	[0. 832]	[1. 538]
lnsig2u_ cons	0. 663	1. 775
	[0. 542]	[0. 574]
N	614	614

注:* $p < 0.1$ 代表 10% 的显著性水平,** $p < 0.05$ 代表 5% 的显著性水平,*** $p < 0.01$ 代表 1% 的显著性水平。

三 实证结果分析

(一) Probit 模型和 Logit 模型估计结果 (全样本)

表 5 – 2 中模型 (1)、模型 (2) 分别是对样本中 74 个国家采用 Probit 模型、Logit 模型得到的实证结果,采用这两种模型得到的各系数符号、显著性差异不大。下面具体看模型 (1) 中各系数符号及其显著性。

1) 经常账户赤字规模 (CA) 系数符号为负,符合预期。这意味着一国经常账户赤字规模越大，越容易发生激进调整；反之，其经常账户赤字规模越小，越倾向于不发生调整。

2）外债规模（DEBT）系数为负，与预期符号不符。从回归结果来看，这意味着一国外债规模越高，越不容易发生调整；相反，拥有低外债规模的国家更倾向于发生激进调整。为了检验结果的稳定性，分别用外债还本付息占出口比重、净外债占 GDP 比重、净外债占出口比重来代替外债规模占 GDP 比重进行回归，结果这些替代指标的系数仍为负数，且在统计上显著。

通过观察样本内 74 个经济体外债规模，我们发现近些年来外债规模偏高的多为发达经济体。在 74 个样本经济体内，2009 年排在外债规模前十位的国家分别是：爱尔兰、冰岛、英国、丹麦、荷兰、瑞士、芬兰、瑞典、法国、德国。而理论上认为，在其他条件相同的情况下，一国外债规模越高，其跨期偿付能力将变得更困难，更容易发生经常账户调整。而现实经济生活中，在金融一体化的背景下，发达国家和发展中国家显然在对外信用、融资能力、经济资源等方面存在差异，所以外债规模高低并不能完全反映一国的偿债能力大小。这也说明，有必要对发达国家、发展中国家和地区分开进行实证分析。

3）贸易开放度（TRADE）系数为正，说明一国贸易开放度越高，发生激进调整的概率越高；反之，若一国贸易开放度较低，则不容易发生经常账户调整。这符合经济现实，历史上经常账户激进调整大多发生在贸易开放程度较高的国家，而如果一国贸易额相对较小，其经常账户赤字规模也就相对较小，发生经常账户激进调整的概率也必然较低。

4）国际储备规模（RES）系数为负，与预期符号一致，但在统计上不显著。

5）国内信贷水平（CREDIT）系数为正，但在统计上不显著。

6）财政预算水平（BUDGET）系数为负，与预期符号一致，但在统计上不显著。这意味着，政府预算赤字越高，则发生调整的概率越高；反之，如果政府处于预算盈余，则不容易发生经常账户调整，这符合经济理论。政府赤字也构成政府负债，过高的负债，必然加大一国跨期偿付压力，会导致经常账户调整。

7）汇率制度（EXM）系数为负，但在统计上不显著。

（二）区分发达国家、发展中国家和地区两个子样本

进一步，我们将74个经济体分为两个子样本：发达国家样本与发展中国家和地区样本，这两个子样本中分别包含20个和54个经济体。然后利用Logit模型对这两个子样本进行回归分析，结果如表5-3所示。表5-3中模型（1）和模型（3）分别为发展中国家和地区与发达国家经常账户反转发生概率的影响因素的实证结果，模型（2）和模型（4）是剔除不显著自变量后的回归结果。

1）经常账户赤字规模（CA）系数均为负，符合预期，这说明，无论是发达国家还是发展中国家和地区，其经常账户赤字规模越大，越容易发生激进调整。

2）在两个子样本模型中，外债规模（DEBT）系数都不显著。这进一步说明，一国发生经常账户反转与否，与其外债规模不相关。一些学者如姚枝仲和齐俊妍（2006）、Eichengreen（2006）等，利用一国的外债水平来判断该国经常账户失衡的可持续性。而本书的实证结果表明，随着全球金融一体化的发展，仅凭外债规模无法判断一国经常账户赤字的可持续性。

3）在发展中国家和地区经常账户反转发生概率的模型中，国际储备（REV）系数为负，表明国际储备越多，越不容易发生调整。而在发达国家经常账户反转发生概率的模型中，国际储备（REV）系数没有通过显著性检验。这也可以解释，一些发展中国家和地区偏好积累外汇储备的原因，即积累外汇储备以避免发生激进调整。

4）国内信贷水平（CREDIT）系数在两个子样本中都显著，但其符号相反。在发展中国家和地区样本中，CREDIT系数为正，意味着国内信贷水平越高，越容易发生经常账户激进调整；而在发达国家样本中，CREDIT系数为负，表明信贷水平越高，越不容易发生经常账户激进调整。这表明，一国的金融发展水平应该与该国的经济发展水平相匹配。

5）在两个子样本模型中，贸易开放度（TRADE）系数符号皆为正，但都不显著。

6）财政预算水平（BUDGET）系数在发展中国家和地区模型中不显著，但在发达国家模型中显著为正。这表明，在发达国家，如果财政预算为赤字，可能发生激进调整；如果财政预算为盈余，则不容易发生激进调整。

7）在发展中国家和地区有关经常账户反转发生概率模型中，汇率制度（EXM）显著为负，这表明，发展中国家和地区汇率制度越固定，越不容易发生激进调整；反之，发展中国家和地区汇率制度越灵活，越倾向于发生激进调整。而汇率制度的灵活性对发达国家经常账户激进调整没有影响。

在当前的世界经济失衡中，经常账户赤字方为美国，世界经济失衡调整在一定程度上来讲，即是美国的经常账户反转。根据本书实证结果，发达国家经常账户反转发生概率取决于其经常账户赤字规模、国内信贷水平和财政预算情况，而与其外债规模、储备水平、贸易开放度、汇率制度关系不大。

表 5-3　经常账户反转发生概率的影响因素：发展中国家和地区和发达国家（logit）

	发展中国家和地区		发达国家	
	模型（1）	模型（2）	模型（3）	模型（4）
CA（-1）	-0.665***	-0.684***	-0.687**	-0.592**
	[0.132]	[0.134]	[0.293]	[0.261]
DEBT（-1）	-0.082		-0.002	
	[0.055]		[0.015]	
RES（-1）	-0.036***	-0.032***	-0.248	
	[0.011]	[0.011]	[0.221]	
CREDIT（-1）	0.027**	0.027**	-0.079**	-0.032*
	[0.012]	[0.012]	[0.036]	[0.018]
TRADE（-1）	0.021		0.021	
	[0.013]		[0.058]	
BUDGET（-1）	0.029		0.413**	
	[0.099]		[0.201]	
EXM（-1）	-0.401*	-0.414*	1.675	
	[0.231]	[0.231]	[1.136]	
常数项	-3.486**	-3.554***	-4.293	-4.248**
	[1.522]	[1.341]	[5.185]	[2.165]
lnsig2u_ cons	1.613	1.821	-14.421	2.863
	[0.571]	[0.536]	[900.169]	[1.695]
N	475	498	139	278

注：* $p < 0.1$ 代表 10% 的显著性水平，** $p < 0.05$ 代表 5% 的显著性水平，*** $p < 0.01$ 代表 1% 的显著性水平。

下面，我们分析美国经常账户赤字规模、国内信贷水平和政府财政预算趋势，通过这些指标的走势预测美国经常账户反转发生概率。

如图 5 - 1 所示，自 20 世纪 90 年代末期以来美国经常账户赤字规模持续扩大，到 2006 年达到高峰，经常账户赤字占 GDP 之比达 6%。美国次级债违约风波演变为金融危机后，受经济衰退影响，美国经常账户赤字规模从 2007 年开始削减，2009 年美国经常账户赤字占 GDP 之比为 2.68%。

根据本书实证结果，随着美国经常账户赤字规模削减，美国发生激进调整的概率在减小。但是伴随经济复苏，美国经常账户赤字规模有重新扩大趋势，2010 年美国经常账户赤字占 GDP 之比达 3.21%[①]。若美国经常账户赤字规模重新扩大，则发生激进调整的可能性加大。

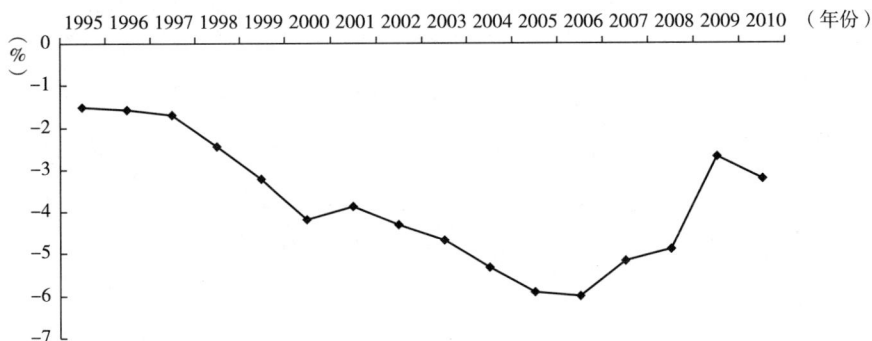

图 5 - 1　1995 ~ 2010 年美国经常账户赤字占 GDP 比重
数据来源：BVD 宏观经济数据库。

图 5 - 2 表明，自 1995 年以来美国国内信贷规模呈不断扩张趋势。1995 ~ 2009 年，美国信贷规模扩张最快的一年是 2001 年，信贷水平较上年提高 5.4%。在金融危机期间，2007 年、2008 年美国信贷规模增长率分别为 3.7% 和 3.3%；2009 年美国信贷规模较上年下降 0.85%，这是 1995 ~ 2009 年唯一下降的一年。根据本书的实证结

---

① 美国经济分析局（BEA）网站，http：//www.bea.gov/index.htm。

果，发达国家国内信贷水平越高，越不容易发生激进调整。若美国信贷规模进一步下降，发生激进调整的概率将增加。

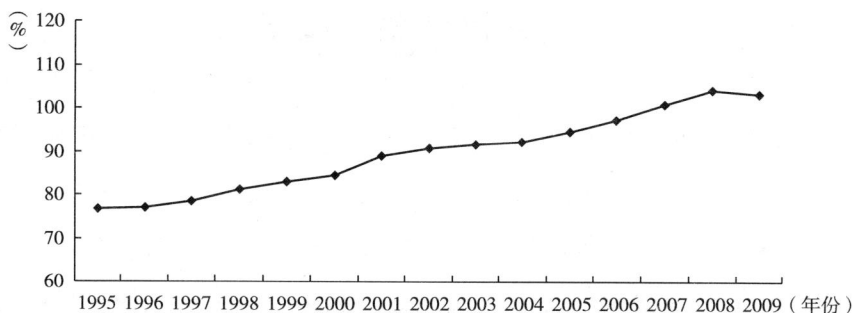

图 5 - 2　1995～2009 年美国国内信贷规模占 GDP 比重
数据来源：BVD 宏观经济数据库。

由图 5 - 3 可知，1998～2001 年，美国财政预算保持盈余。但是从 2002 年开始，美国政府财政再度陷入赤字。尤其是 2008 年、2009 年，随着政府救助危机、刺激经济计划的实施，美国财政赤字迅速上升。根据本书实证结果，如果发达国家财政赤字上升，则倾向于发生激进调整。

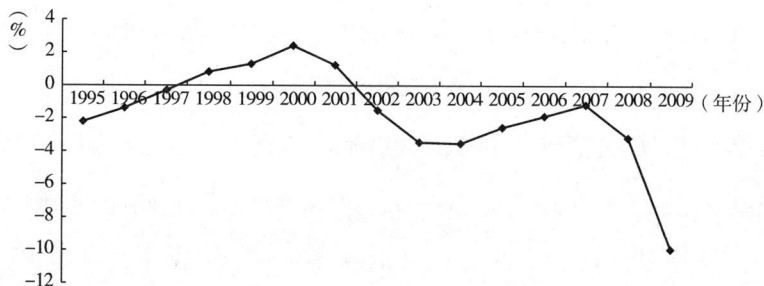

图 5 - 3　1995～2009 年美国政府预算占 GDP 比重
数据来源：BVD 宏观经济数据库。

综上，若美国经常账户赤字规模继续扩大、国内信贷水平下降和政府财政预算增加，美国经常账户赤字发生激进调整的可能性很大。

第三节　全球经济失衡渐进调整和
激进调整：成本比较

Alan Ahearne（2007）认为，全球国际收支失衡调整主要有两条路径：一是主要国家通过政策协调实施主动调整；二是听任全球失衡发展下去，由金融市场触发被动调整。前一条路径是渐进式和非破坏性的调整，而后一条路径是爆发性和破坏性的调整。Kinberly（2010）研究表明，渐进调整会导致较高的产出，而无序调整将使全球包括那些没有外部失衡的经济体的产出恶化。虽然不少学者如 Greenspan（2004）、Richard Ports（2009）认为，在全球化尤其是金融一体化迅速发展的当今，美国凭借其美元储备地位和发达的金融市场，不太可能发生资本流入"突然停止"；IMF（2005，2006）也指出，当前全球经济失衡的"激进"调整是低概率和高成本事件。但 2008 年全球金融危机的爆发对此提出了警告，动摇了投资者对美国资本市场的信心。无论如何，正如 Alan Ahearne（2007）、Eichengreen（2008）所言，这时候应该采取相应的政策措施来实现全球经济失衡的渐进调整，以避免"硬着陆"。

根据国民收支等式 $CA = S - I$，经常账户赤字调整将意味着投资下降，从而影响经济增长。由此来看，投资成了经常账户反转影响经济增长的主要渠道。除了投资以外，经常账户反转还通过其他渠道影响经济增长吗？本节采用带有异质性处理效应的工具变量模型研究不同调整模式的成本，试图回答以下几个问题：（1）渐进调整和激进调整分别对经济增长的影响多大？在控制了影响经济增长的可观察变量后，激进调整比渐进调整带给经济体的成本要大多少？（2）哪些经济体容易发生渐进调整，哪些经济体容易发生激进调整？（3）在调整的过程中，可观察变量和不可观察变量发挥了多大作用？

一　计量模型和估计方法

（一）处理效应模型介绍

关于经常账户反转对经济增长的影响问题，传统的方法是采用 OLS 模型估计。考虑如下的模型：

$$Y_i = \gamma D_i + \beta X_i + U_i \qquad E[\,U_i\,] = 0 \qquad\qquad (5-11)$$

其中 $i = 1$，2，…，n，表示不同的调整事件，Y_i 表示实际经济增长率，D_i 是一个虚拟变量，$D_i = 2$ 代表激进调整，$D_i = 1$ 代表渐进调整，$D_i = 0$ 代表没有发生调整。X_i 是其他解释变量向量，U_i 是期望为零的扰动项。在模型中，γ 表示激进调整相较渐进调整对经济增长的影响。

模型（5-11）假定了变量 D_i 即个体是否发生激进调整是外生决定的，而且激进调整对所有经济体的影响是相同的。事实上，经济体是否发生激进调整是内生决定的，模型中的不可观察变量（扰动项）也可能会存在差别。因此，OLS 模型估计和常规工具变量法对调整成本的估计都将导致估计结果的偏误，Carneiro 与 Heckman（2002）、Carneiro（2002）、Heckman 与 Li（2004）已经给出了证明。

处理效应是一种实验语言，即对某个人作了一些处理后对其产生的影响。在缺乏实验的情况下，一个人只能在是否接受处理中选择其一，我们无法辨别一种处理（如，大学教育、工作培训项目）的效应。我们观察到的是，一个人选择接受处理的倾向和处理效应本身的联合结果。在衡量处理效果的同时，甄别出一个人的倾向效应，这是处理效应的经典问题。比如，工资的回归模型中，不仅仅包括受教育的年限，而且还有能力或情商的测试值。受教育年限、测试分数都和工资正相关，在解释回归结果时，受教育年限的系数会被其他因素削减，预示着人们选择接受更多教育。

处理效应模型最初在社会学和劳动经济学领域的应用比较充分，如研究参加一个职业技能培训计划对工资提升的影响。除此之外，处理效应正开始广泛应用到社会经济领域的其他研究中，比如成为一个贸易组织的成员、从一个社会互助计划中获得补贴。在微观计量分析中，政策评价是一个重要研究领域，平均处理效应可以有效地分析政策"介入"对结果的影响，因而其在政策评价中的运用越来越广泛。以本书研究的经常账户反转为例，不可持续的经常账户赤字必然要经历调整。两种调整模式：渐进调整和激进调整，分别有与其对应的潜在成本（例如增长率的下降、失业率上升），处理效应即激进调整模式与渐进调整模式的成本差距。

本书以下的研究借助了 Heckman 与 Vytlacil（1999，2000）、Carneiro et al.（2001）、Aakvik et al.（2005）以及 Heckman et al.（2006）等建立的异质性模型和半参数估计方法。假定每个调整事件 i 存在三种潜在的结果（Y_{2i}，Y_{1i}，Y_{oi}），Y_{2i} 表示发生激进调整时的经济增长率，Y_{1i} 表示发生渐进调整时的经济增长率，Y_{oi} 表示没有发生调整时的经济增长率。这样 $Y_{2i} - Y_{oi}$、$Y_{1i} - Y_{oi}$、$Y_{2i} - Y_{1i}$ 就是处理效应（treatment effect）。显然，处理效应面对的是数据缺失问

题（missing data problem），即只能观察到某一个方面的数据，因此 $Y_{2i} - Y_{oi}$、$Y_{1i} - Y_{oi}$、$Y_{2i} - Y_{1i}$ 是不可能观测到的。因为，在任何时候同一调整事件只可能处于一种状态。对于一个已经发生激进调整的经济体，只能观测到激进调整给经济增长带来的影响，而无法观测到渐进调整给经济体带来的影响。假设对单位 i 的处理仅仅影响到 i 的结果，并将这种假设称为个体政策影响稳定假设（Stable unit treatment value assumption，SUTVA）。在本书中，假设经济体 i 不论发生渐进调整还是激进调整，只影响该经济体本身，并将得到平均处理效应（Average Treatment Effect，ATE）的估计值，ATE 表示从总体中随机抽取人员的期望处理效应。ATE 又分为针对所有已参与项目的平均处理效应 ATT，以及针对未参与项目者的平均处理效应 ATNT。

$$ATE \equiv E\ (y_1 - y_0) \tag{5 - 12}$$

$$ATE_1 \equiv E\ (y_1 - y_0 \mid w = 1) \tag{5 - 13}$$

如果将调整时间挑选出来，则是两种状态；否则为三种状态，如 ordered 或 counted model，详见 Wooldridge 2002，Heckman 2006。如果是发生激进调整，记为 $D_i = 1$；如果是发生渐进调整，则 $D_i = 0$。因此，可观察结果 Y_i。

$$Y_i = D_i Y_{1i} + (1 - D_i)\ Y_{0i}$$

其中，结果 Y_0、Y_1 是解释变量 X 和不可观察到的随机扰动项（U_1，U_0）的函数。

$$Y_{1i} = \beta_1 X_i + U_{1i} \qquad Y_{0i} = \beta_0 X_i + U_{0i} \tag{5 - 14}$$

这里假定调整不影响一般均衡，Y_{1i}、Y_{0i} 相互独立，没有交叉效应。发生何种调整模式取决于这两种模式下的成本大小，$D_i^* = \partial w_i + \varepsilon_i$，当 $D_i^* \geqslant 0$ 时，$D_i = 1$；当 $D_i^* < 0$ 时，$D_i = 0$。

w_i 是一组我们可以观察到的控制变量（w_i 可能包含部分的 X_i），但是要假定 ε_i 不依赖 y_{jt}，否则方程不可识别。

$$Y = Y_0 + (Y_1 - Y_0) D = \beta_0 X + [(\beta_1 X - \beta_0 X) + (U_1 - U_0)] D + U_0 \quad (5-15)$$

将 $[(\beta_1 X - \beta_0 X) + (U_1 - U_0)]$ 记为 Δ，Δ 即处理效应。如果 D 对于结果 Y 是外生的，即渐进调整或激进调整是随机的，那么 Δ 对任何经济体都是一致的，这就是模型（5-11）的情形。

定义激进调整的概率或倾向分数（propensity score）为 $P(z) = Pr(D = 1/Z = z)$。

Heckman et al.（2006a，2006b）提出处理效应 Δ 可以通过二阶段法估计得到。在第一阶段，由 Probit 模型或 Logit 模型估计个体倾向分数 $P(Z)$；在第二阶段，将倾向分数 $P(Z)$ 当作 Δ 的局部工具变量（Local Instrumental Variable，LIV），再通过半参数方法得到估计结果。

（二）实证模型构建

本书实证模型如下：式（5-16）是增长模型，Y_{it} 代表 i 国在第 t 年的 GDP 增长率。X_{it} 代表影响 GDP 增长率因素的解释变量集。D_{it} 是经常账户调整虚拟变量，系数 γ 则反映经常账户调整模式对经济增长率的影响。α 是常数项，U_{it} 是误差项。

$$Y_{it} = \alpha + D_{it} + \beta X_{it} + U_{it} \quad (5-16)$$

经常账户调整虚拟变量 D_{it} 是一个内生变量，取决于潜变量 D_{it}^*，如式（5-17）、式（5-18）：

$$D_{i,t} = \begin{cases} 0 & \text{经常账户没有发生调整} \\ 1 & \text{经常账户发生渐进调整} \\ 2 & \text{经常账户发生突然调整} \end{cases} \qquad (5-17)$$

$$D_{it}^* = \theta W_{it} + \varepsilon_{it} \qquad (5-18)$$

其中，W_{it} 是控制变量集，这些变量决定了经常账户调整模式，但是并不直接影响 GDP 增长率；ε_{it} 是随机误差项。为了避免内生性问题，我们将自变量取滞后值。

二　数据及实证过程

式（5-16）中，W_{it} 代表影响经常账户调整模式的向量，参考第二节内容，包括经常账户收支（CA）、外债占 GDP 比重（$DEBT$）、国际储备占 GDP 比重（RES）、贸易开放度（$TRADE$）、政府预算收支占 GDP 比重（$BUDGET$）和汇率制度（EXM）。

X_{it} 代表影响 GDP 增长率因素的解释变量集，包括 i 国在第 t 年的投资占 GDP 的比重（INV_{it}）；i 国在第 t 年的人口增长率（POP_{it}）；i 国在第 t 年的政府消费占 GDP 的比重（GOV_{it}）；初始人均 GDP（$INIGDP_{it}$）。数据来源为 BVD 宏观经济数据库。

为了表明处理效应模型的原理，我们用简单的两步法来估计。第一步，用 Probit 模型估计经常账户调整的概率，得到 hazard，也叫 inverse mill ratios。第二步，将 hazard 作为一个自变量纳入 5-16 模型。这便是 Heckman 的双变量选择模型，也可以用最大似然法估计。

三　实证结果分析

对 74 个国家的实证研究结果见表 5-4。模型（1）采用普通的跨国面板回归，仅仅考虑经常账户调整虚拟变量，没有估计处理效应模型。模型（3）采用处理效应模型得到的有关经济增长的实证结果。对比模型（1）和模型（3），我们发现普通的跨国面板回归低估了经常账户反转对经济增长的负面效应。模型（2）和模型（4）分别在模型（1）和模型（3）的基础上，引入了经常账户反转和投资水平的交互变量（CAR * INV）。

表 5－4 经常账户反转对经济增长的影响模型回归结果（全部国家和地区）

GDP	面板模型		处理效应回归模型	
	模型（1）	模型（2）	模型（3）	模型（4）
POP	0.390 *** [0.103]	0.384 *** [0.103]	0.462 *** [0.129]	0.482 *** [0.130]
INV	0.070 *** [0.013]	0.059 *** [0.014]	0.149 *** [0.027]	0.168 *** [0.028]
GCON	−0.078 *** [0.029]	−0.081 *** [0.028]	−0.034 [0.035]	−0.035 [0.035]
INIGDP	−0.004 ** [0.002]	−0.004 ** [0.002]	−0.004 ** [0.002]	−0.004 ** [0.002]
CAR	−1.227 *** [0.308]	−2.281 *** [0.579]	−1.456 *** [0.367]	0.654 [1.179]
PROPENSITY			−0.169 ** [0.068]	−0.150 ** [0.069]
CAR * INV		0.043 ** [0.019]		−0.103 ** [0.055]
常数项	3.371 *** [0.624]	3.703 *** [0.639]	0.343 [0.932]	−0.032 [0.948]
R^2	0.37	0.36	0.313	0.33

注：* $p < 0.1$ 代表 10% 的显著性水平，** $p < 0.05$ 代表 5% 的显著性水平，*** $p < 0.01$ 代表 1% 的显著性水平。

1）人口增长率（POP）系数显著为正，符合一般经济增长理论，人力资本投入和经济增长正相关。

2）投资水平（INV）系数显著为正，符合理论预期，投资促进经济增长。

3）政府消费水平（GCON）系数显著为负，表明政府消费无助于经济增长，这也是凯恩斯学派备受诟病之处，即在促进经济增长方面，政府行为不能代替企业。

4）初始人均 GDP（INIGDP）系数显著为负，说明在全球范围内"追赶"效应普遍存在。

5）经常账户反转（CAR）系数显著为负，表明激进调整对经济增长存在负面影响。

考虑到发达国家与发展中国家和地区不仅仅在经济发展水平方面存在差异，而且在金融市场、经济制度等方面都存在区别，接下来将 74 个经济体样本分为发展中国家和地区与发达国家两个子样本分别进行实证分析。

如表 5 - 5 所示，模型（1）和模型（2）是发展中国家和地区经济增长等式的实证结果。模型（1）中包含的自变量包括人口增长率（POP）、投资占 GDP 比重（INV）、政府消费占 GDP 比重（GCON）、初始人均 GDP（INIGDP）、经常账户反转（CAR），为了克服内生性引起的估计偏误和非一致性，将 Propensity 作为工具变量引入。模型（2）在模型（1）的基础上，引入了经常账户反转和投资水平的交互变量（CAR * INV）。

在模型（1）中，人口增长率（POP）系数为正，且在统计上显著。这表明在发展中国家和地区，人口的增长显著促进了经济增长；投资水平（INV）系数显著为正，这符合一般经济增长理论；政府消费水平（GCON）系数为负，但在统计上不显著，这意味着，政府消费对发展中国家和地区经济增长作用不大；初始GDP（INIGDP）系数为负，但在统计上不显著，这说明在发展中国家和地区内部"追赶"效应不明显；经常账户反转（CAR）系数显著为负，这表明经常账户反转对经济增长产生明显负面效应。

表 5 - 5　经常账户反转对经济增长的影响模型回归结果：处理效应模型
（区分发达国家样本和发展中国家和地区样本）

GDP	发展中国家和地区样本		发达国家样本	
	模型（1）	模型（2）	模型（3）	模型（4）
POP	0.464 *** [0.153]	0.487 *** [0.154]	0.132 [0.322]	0.117 [0.323]
INV	0.149 *** [0.032]	0.166 *** [0.034]	0.252 *** [0.064]	0.275 *** [0.065]
GCON	-0.055 [0.045]	-0.056 [0.046]	0.054 [0.057]	0.049 [0.058]
INIGDP	-0.006 [0.006]	-0.005 [0.006]	-0.004 [0.003]	-0.004 [0.003]
CAR	-1.380 *** [0.437]	0.429 [1.338]	-1.308 ** [0.621]	3.993 [2.832]
PROPENSITY	-0.114 ** [0.046]	-0.102 ** [0.046]	-0.011 [0.044]	-0.006 [0.044]
CAR * INV		-0.089 [0.062]		-0.238 * [0.124]
常数项	0.525 [1.115]	0.183 [1.136]	-2.686 [2.331]	-3.062 [2.347]
R^2	0.19	0.21	0.43	0.44
观察值数量	447	447	139	139
组数量	48	48	20	20

注：* $p<0.1$ 代表10%的显著性水平，** $p<0.05$ 代表5%的显著性水平，*** $p<0.01$ 代表1%的显著性水平

模型（3）和模型（4）是发达国家经济增长等式的实证结果，其中包括的自变量与发展中国家和地区经济增长模型中包含的自变量相同。在模型（3）中，人口增长率（POP）系数为正，且在统计上不显著，这说明人口增长对发达国家经济增长作用不大，

这与发展中国家和地区的实证结果形成对比。人口增长对发达国家与发展中国家和地区经济增长的作用不同，从侧面反映了发达国家与发展中国家和地区经济增长模式或产业结构的不同：发达国家主要依靠技术或资本带动经济增长，而发展中国家和地区由于主要从事劳动力密集型产业，故人口数量的增长对经济增长贡献较大。投资水平（INV）的系数为正，且在统计上显著，这表明投资促进了发达国家经济增长。与发展中国家和地区经济增长模型的实证结果一样，政府消费水平（GCON）、初始人均 GDP（IN-IGDP）系数均不显著，这表明政府消费对发达国家经济增长的促进作用不明显，同时在发达国家之间"追赶"效应亦不明显。经常账户反转（CAR）系数为负，且在统计上显著，若发生经常账户渐进调整，经济增长率降低 1.308 个百分点；若发生经常账户激进调整，经济增长率降低 2.618 个百分点。

第六章

金融危机背景下的全球经济失衡调整

2008 年至 2009 年全球经济经历了前所未有的金融动荡，随之而来的是几十年以来最严重的全球性经济衰退和贸易崩溃（《IMF 年报》，2010）。在此背景下，全球经济失衡开始向均衡方向调整，无论是赤字国还是盈余国，其失衡规模都有所削减，然而随着全球经济复苏，全球经济失衡规模出现重新扩大之势。本书认为，以金融危机为契机的全球经济失衡调整，源于各国对危机的反应。主要是危机的策源地、全球最大的赤字国美国，在金融危机期间经济形势的变化在经常账户收支上的表现。一方面，金融危机期间居民财富缩水、经济动荡导致美国居民储蓄率暂时上升、消费率暂时下降；另一方面，美国为了应对金融危机，采取贸易保护主义措施限制进口。金融危机并没有消除导致全球经济失衡的结构因素，故而金融危机背景下的全球经济失衡调整是否可持续，还需要进一步研究。

第一节　金融危机背景下全球经济失衡调整概况

2008～2009 年全球经济经历了前所未有的金融动荡，随之而来的是几十年以来最严重的全球性经济衰退和贸易崩溃。几乎所有市场的商品贸易在 2008 年最后一个季度急剧下跌，2009 年继续快速下跌。2008 年第四季度和 2009 年第一季度，全球 GDP 下滑超过 6%（年率）。[①] 以美国为代表的发达经济体受到金融市场、住房市场恶化的严重影响。欧洲新兴市场和独联体国家一直以来依靠资本流入来促进增长，因此极易通过金融渠道受到影响。而严重依赖制造品出口的国家，例如东亚国家、日本、德国和巴西都受到出口市场需求下滑的打击。非洲、拉丁美洲和中东国家也遭受了来自商品价格下跌、出口需求下降、汇款和外资流入减少的打击。Baldwin（2009）指出，此次金融危机最为突出的特点是，在 2008 年末期和 2009 年早期进出口贸易同时突然出现大幅下滑。在这半年，世界进口下降年率达 30%，在这期间所有的经济体无一幸免地经历了进口、出口的下降。在此背景下，全球经济失衡规模开始削减，向均衡方向调整。

一　美国经常账户赤字调整动态

在美国，自大萧条以来最严重的金融危机将该国推向经济衰退。伴随着信贷紧缩，资产价格继续下跌。高度的不确定性，大量财富损失和降低的收入预期导致消费者信心降至创纪录的低水平，并引

---

① 资料来源：IMF 2010 年报《支持平衡的复苏》。

发储蓄率大幅攀升。在消费下降的同时，2008 年美国实际 GDP 下降幅度超过 5%，2009 年第 1 季度下跌 5.7%，失业率更上升至 8.5%。

在金融危机爆发前，美国经常账户失衡创新高，2006 年美国经常账户赤字占 GDP 之比达到 6%。以雷曼兄弟破产为标志的金融危机爆发后，美国的经常账户赤字从 2008 年第 2 季度的 4.3% 下降到 2009 年第 3 季度的 3%。从经常账户绝对值来看，美国经常账户赤字规模在 2006 年第 3 季度达到最高峰，为 1894.22 亿美元。从 2006 年第 4 季度开始一直到 2009 年第 2 季度，美国经常账户赤字规模呈缩小趋势。其中 2009 年第 2 季度，美国经常账户赤字规模下降至 541.55 亿美元。然而，随着美国经济复苏，消费者支出上升，美国经常账户赤字规模自 2009 年第 3 季度开始转而呈扩大趋势（见图 6 – 1）。

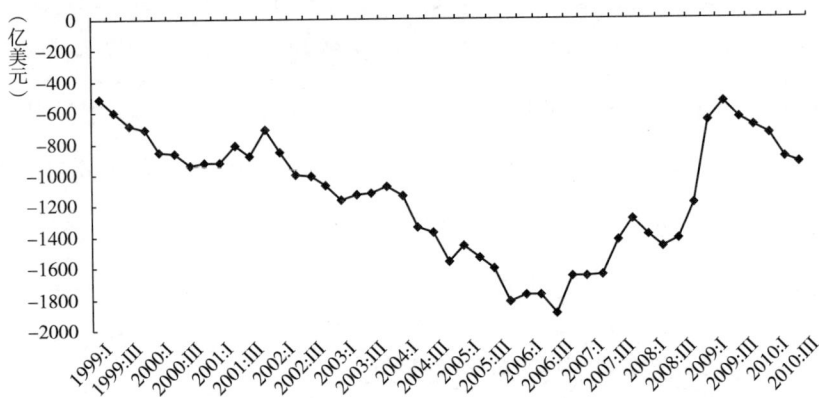

图 6 – 1 1999 年第 1 季度至 2010 年第 3 季度美国经常账户收支
注：BEA 经过季节调整。

二 主要经常账户盈余经济体盈余调整动态

中国经常账户收支绝对额在 2008 年达到最高峰，为 4361.07

亿美元；2009 年中国经常账户盈余下降到 2971. 42 亿美元；2010
年较 2008 年经常账户盈余小幅增加，达 3062 亿美元。从经常账户
收支占 GDP 比重来看，如图 6 - 2 所示，2007 中国经常账户盈余占
GDP 比重达到最高峰 10.6%，金融危机爆发后，接下来的 2008
年、2009 年、2010 年中国经常账户盈余占 GDP 比重继续下滑，即
使在全球经济复苏的 2010 年该比重也继续下降至 5.21%。

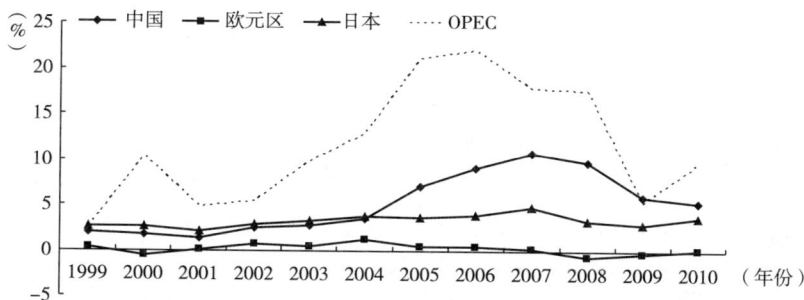

图 6 - 2　1999 年第 1 季度至 2010 年第 3 季度主要盈余经济体
经常账户收支占 GDP 之比

数据来源：BVD 宏观经济数据库。

　　OPEC 国家的经常账户收支规模和国际油价高低密切相关。
2008 年国际油价达到 95. 45 美元每桶，随后的 2009 年国际油价回
落到 61. 06 美元每桶。2009 财年，石油价格大幅下跌给 OPEC 造成
严重影响。OPEC 经常账户盈余规模从 2008 年的 4101. 25 亿美元，
剧烈收缩至 2009 年的 1113. 24 亿美元。2010 年国际油价回升至
77. 45 美元每桶，OPEC 经常账户盈余也增加至 2206. 65 亿美元。
从经常账户收支占 GDP 的比重来看，2006 年 OPEC 经常账户盈余
占 GDP 的比重达到高峰值 21.9%，2009 年该比重下降到仅为
5.2%，2010 年回升到 9.6%。

　　在消费品需求下滑情形下，日元的升值和相对收紧的信贷状况进

一步加剧了日本出口下降。日本经常账户盈余在 2007 年达到峰值的 2104.9 亿美元，2008 年、2009 年连续下降，但在 2010 年缓慢回升至 1950.34 亿美元（见表6-1）。从经常账户收支占 GDP 比重来看，2007 年日本经常账户盈余占 GDP 的比重达到 4.81%，2008 年、2009 年分别下降至 3.21%、2.83%，2010 年该比重又回升至 3.57%。

表 6-1　1999~2010 年美国、中国、日本、欧元区、OPEC 经常账户收支

单位：亿美元

年　份	美　国	中　国	欧元区	日　本	OPEC
1999	-3007.72	211.15	260	1146	191.7
2000	-4163.75	205.18	-360	1196.6	972.74
2001	-3971.54	174.01	58	878	467.94
2002	-4580.66	354.22	454	1124.5	392.07
2003	-5206.75	458.75	411	1362	797.62
2004	-6304.91	686.59	1136	1720.6	1300.64
2005	-7475.9	1608.18	418	1657.8	2689.11
2006	-8026.37	2532.68	429	1705.2	3405.59
2007	-7180.94	3718.33	294	2104.9	3287.12
2008	-6688.56	4361.07	-960	1566.4	4101.25
2009	-3784.34	2971.42	-443	1421.9	1113.24
2010	-4939	3062	155	1950.34	2206.65

数据来源：BVD 宏观经济数据库。

由于和美国的金融联系更加紧密，欧元区金融体系遭受了比预期更严重、更持久的冲击。加之欧元区宏观经济政策普遍反应较慢，居民支出和企业产出大幅度削减，市场信心下降。2008 年第 2 季度到 2009 年第 3 季度，欧元区经常账户收支从 0.4% 的盈余变为 0.9% 的赤字。如表6-1 所示，1999~2010 年，欧元区经常账户收支在 2004 年达到峰值 1136 亿美元。在金融危机背景下，2008 年欧元区经常账户收支从盈余转向赤字，而且经常账户赤字

金额达到 960 亿美元。2009 年欧元区经常账户收支有所好转，但仍维持在赤字状态，赤字规模为 443 亿美元。2010 年伴随世界经济复苏，欧元区经常账户收支从赤字转为盈余，经常账户盈余规模为 155 亿美元。从经常账户收支占 GDP 的比重来看，2004 年欧元区经常账户盈余占 GDP 的比重为 1.16%；随后的 2005 年、2006 年、2007 年、2008 年经常账户收支占 GDP 的比重逐年下降，2008 年经常账户收支转为赤字状态，其占 GDP 的比重为 0.71%。2010 年欧元区经常账户收支从赤字转为盈余，经常账户盈余占 GDP 比重为 0.13%。

第二节　金融危机背景下全球经济失衡调整的原因

本书认为，以金融危机为契机的全球经济失衡调整，源于各国对危机的反应。其中最主要的是，危机策源地、全球最大的经常账户赤字国美国在金融危机期间经济动态在经常账户收支上的表现。一方面，金融危机期间居民财富缩水、经济动荡导致美国居民储蓄率暂时上升、消费率暂时下降；另一方面，美国为了应对金融危机，实施了贸易保护主义。在金融危机背景下，全球经济失衡出现调整的原因如下：

一　危机期间美国储蓄率上升、消费支出下降

2005 年之前美国家庭住房和金融资产财富不断增加，当家庭预期这些财富永久增加时，引致其提高消费水平。Gosselin（2005）利用美国经济的银行模型阐明了，财富上升引致 2002 年至 2008 年美国消费提高了 2 个百分点，这导致了 2008 年美国经常账户收支

的失衡。但很明显这种增加是暂时的，美国房价高涨也是暂时的。美国经济学者研究指出，金融风暴及其衍生的经济衰退，令每户美国家庭财产平均蒸发 10 万美元。美国"皮尤经济政策研究小组"（Pew Economic Policy Group）统计发现，从 2008 年 6 月到 2009 年 3 月间，美国家庭手中持股平均减少 6.6 万美元，名下不动产则缩水 3 万美元。从 2008 年 9 月到 2009 年 12 月间，每户家庭因失业或减薪平均减少 5800 美元收入。美联储数据表明，2010 年第二季度，美国股票市场已经出现反弹，平均股价上升，而美国家庭财富净值原本应该顺势上扬，但是根据美联储的统计，美国家庭财富净值下滑了 2.7%，美国家庭及非营利团体财富净值，包括股票、债券、房产及其他资产，减去房贷及其他负债减少 1.5 兆美元，降至 53.5 兆美元，并使得个人平均财富净值为 18.2 万美元。其中家庭持有的企业股票价值减少 9404 亿美元，美股标准普尔 500 指数下挫 12%。尽管美股走势上扬，但房市却再度出现疲软迹象。2010 年 11 月美国失业率为 9.8%，2011 年 12 月为 9.4%，2011 年 1 月为 9%。另外，在美国失业率仍接近 26 年来最高点的情况下，可能造成更多的美国民众提高储蓄。危机期间经济的不确定性导致全球范围内的消费者、企业信心大幅下降。例如，全球消费者信心调查表明，在 2008 年末和 2009 年消费者信心处于历史较低水平。在财富缩水、信心下降的背景下，家庭和企业的反应是减少支出，私人储蓄开始上升。如图 6-3 所示，在 1999 年第 1 季度至 2010 年第 3 季度间，2005 年第 3 季度美国居民储蓄率占可支配收入之比下降到最低点，仅为 1.18%。在金融危机背景下，2008 年第 2 季度美国储蓄率开始上升。2009 年第 2 季度，美国储蓄率达到 7.15%。由于全球经常账户收支失衡部分归因于美国的低储蓄，所以美国储蓄率的上升有助于减少美国经常账户收支。

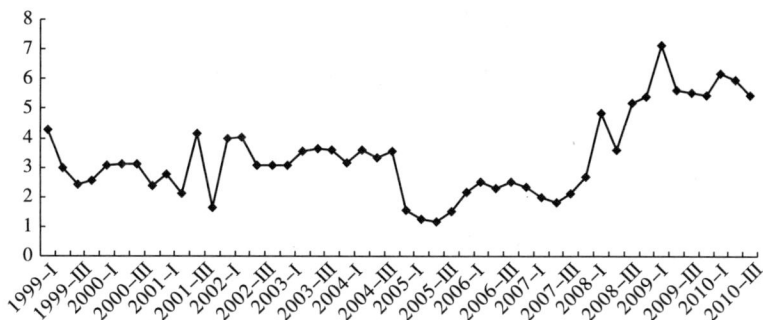

图 6 - 3　1999 年第 1 季度至 2010 第 3 季度美国居民储蓄率占可支配收入之比
数据来源：http：//www. bea. gov/national/index. htm#gdp。

二　全球金融形势紧缩

自 2007 年中期开始金融市场出现动荡，2008 年 9 月雷曼兄弟的破产加剧了金融市场的风险，加速了全球金融形势的缩紧，包括贷款减少、银行违约概率增加。正如我们在危机中看到的一样，其他区域贷款供给也在减少，该冲击会减少产出。其中美国受金融紧缩影响最大，其次是欧盟、日本，受影响较小的是亚洲新兴经济体，金融形势的相对恶化导致全球需求从以美国为代表的发达国家转向中国等新兴经济体，如此一来部分缓解了全球经常账户收支失衡。

经过了危机前的迅速上升后，2008 年美国家庭债务与收入之比停止增长。危机前的信贷扩张是由按揭驱动的，几乎占 2000 ~ 2007 年家庭债务增加的 90%。由金融危机带来的全球经济增长放缓降低了油价，也导致美国经常账户收支赤字减少。由金融危机的本质特征所决定，金融危机以及由此导致的油价下降对经常账户收支的影响是暂时的。

如图 6 - 4 所示，1999 ~ 2010 年，在 2008 年第 3 季度之前美国消费信贷一直处于扩张状态，其中 2000 年是美国消费信贷扩张最快的一年。2008 年第 3 季度美国消费信贷与上期持平，接下来从 2008 年第 4 季度一直到 2010 年第 3 季度，美国消费信贷连续 8 个季度出现下降。

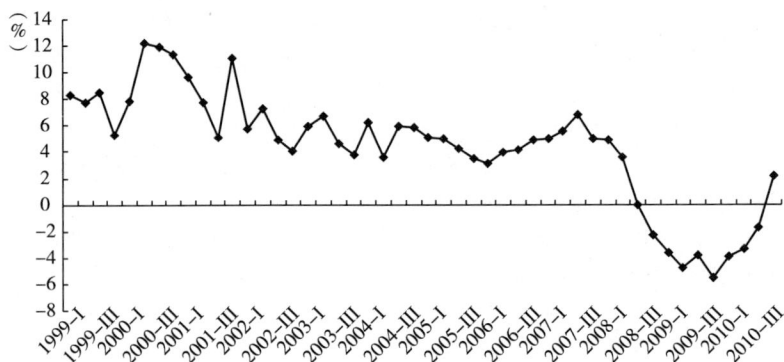

图 6 - 4　1999 年第 1 季度至 2010 年第 3 季度消费信贷变化率

数据来源：美国联邦储备委员会，http：//www.federalreserve.gov/econresdata/releases/statistics-data.htm。

三　美国生产率水平较预期下降

在 20 世纪 90 年代后期和 21 世纪早期，以美国为代表的发达国家劳动生产率经历了高速增长。正因为如此，人们普遍预期美国投资回报率上升。这导致对美国投资需求上升，资本流入美国。与此同时，美国家庭调高收入预期，增加消费。在此背景下，在 20 世纪 90 年代后期和 21 世纪早期美国出现了低储蓄率和大额经常账户赤字。金融危机以来，国际机构纷纷调低对美国、加拿大、欧盟和日本的长期 GDP 增长率的预期。Barrera（2009）指出，曾经估计美国潜在经济增长率较 20 世纪 90 年代末期提高 3 个百分点，但现在我们预计中期美国潜在经济增长率为 2%。随着美国生产率水平较预期下降，人们纷纷调低对未来收入预期，继而较少消费，导致进口减少，从而导致经常账户赤字规模削减。

四 财政刺激政策

从 2009 年第 1 季度开始，各国政府为应对危机采取了一系列财政刺激政策。政府债务的增加会导致政府债务长期利率的增加。假定预期债务增加，中期而言财政将紧缩。尤其是美国的财政紧缩将对美国经常账户演进产生重大影响。财政赤字增加，引致的 NIIP 占 GDP 之比上升，不可避免地恶化经常账户收支，从而对美元国际储备货币地位形成威胁。

五 日益增加的保护主义

在金融危机后，美国政府迫于国内各种就业压力、选民压力，为了避免制造业继续下滑，强化了对进口产品的贸易保护主义措施，其中不乏滥用贸易救济措施。2008 年、2009 年美国对中国实施贸易救济措施分别达 19 起、17 起，远高于以往同期的贸易救济措施数量。2010 年美国国际贸易委员会共发起 58 起 337 调查，其中有 19 起调查被诉方涉及中国企业，占调查总数的 1/3①。2010 年美国国际贸易委员会发起 337 调查总数及涉华案件总数均创历史新高。另外，2009 年 2 月美国总统奥巴马签署了包含"购买美国货"条款的巨额经济刺激计划。"购买美国货"条款是指美国经济刺激计划中的第 1640 条款，该条款规定，在不违背美国对国际协定承诺的前提下，经济刺激计划支持的工程项目必须使用国产钢铁和其他制成品，除非联邦政府

---

① 资料来源：中华人民共和国商务部进出口公平贸易局，http：//www.mofcom.gov.cn/。

认定购买美国钢铁产品或其他制成品成本过高，会损害公众利益。

六　汇率波动

如图 6-5 所示，1999～2010 年，美国实际有效汇率总体呈贬值趋势。从 2007 年第 1 季度到 2008 年第 3 季度，美国实际有效汇率从 98.2 逐步降到 89.6；经过 2008 年第 4 季度、2009 年第 1 季度的短暂升值后，2009 年第 2 季度到 2010 年第 3 季度，美国实际有效汇率重回贬值趋势。按照经常账户收支的弹性分析法，美元的实际有效汇率贬值将有助于美国经常账户赤字削减。

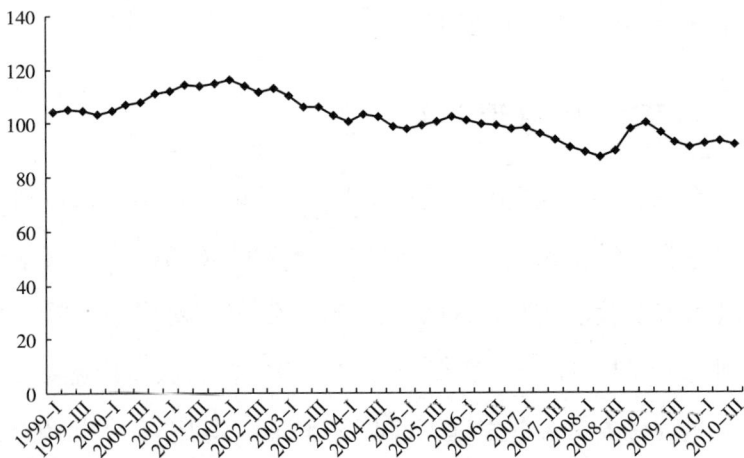

图 6-5　1999 年第 1 季度至 2010 年第 3 季度美国实际有效汇率

数据来源：BVD 宏观经济数据库。

第三节　金融危机背景下全球经济失衡调整的持久性

对于金融危机背景下全球经济失衡调整的持久性，即全球经常账户收支规模缩小的持续性，不同的学者有不同的观点。Ashoka (2010) 认为，在金融危机期间，由于美国失业率显著上升，家庭金融财富损失比其他 G7 经济体要大，美国储蓄率的相对上升有助于缓解全球经济失衡。但是他也指出，美国经济可能提前复苏，金融危机对失衡规模的缓解效应是短暂的；而且经济、金融、人口结构方面的长期差异才是失衡的重要原因，其影响不久后会凸显，因此世界经济失衡将会卷土重来。

IMF《2010 年世界经济展望》利用引力模型，分析了过去 40年金融危机对进出口的影响，发现金融危机对进口的影响远远大于出口，而且影响是持久的。尤其是危机前出现经常账户赤字的国家，其进口下降幅度更大。这些发现表明，在金融危机期间美国经常账户赤字的削减是持久的。

Feldstein（2008）指出，美国经常账户赤字削减最根本的途径在于提高美国储蓄率。金融危机之前，导致美国储蓄率上升的两个主要因素是，预期家庭财富迅速增加和资产增值抵押贷款。

以下，本书通过向量自回归模型样本外预测来判断美国经常账户赤字走势。

一　向量自回归方法简介

传统的经济计量方法是以经济理论为基础来描述各变量之间的关系，但是，基于一系列假定条件的经济理论或模型，往往并不足以完全、准确反映各变量之间的关系。向量自回归（VAR）基于数据的统计性质来建立模型，把模型中每一个内生变量作为因变量，所有内生变量滞后值的函数作为自变量来构造模型。从而，将单变量自回归模型扩展到由多个时间序列组成的向量自回归模型[①]。VAR 模型常用于

---

① 许茂为:《中国利率期限结构动态变化的宏观解释》，厦门大学硕士学位论文，2008。

预测时间序列长期趋势，分析随机扰动对变量系统的动态冲击，研究各冲击对经济系统的影响。1980 年，C. A. Sims 将 VAR 模型引入经济分析中，促进了经济系统动态性分析的广泛应用。VAR（p）模型的数学表达式是：

$$y_t = A_1 y_{t-1} + \cdots + A_p y_{t-p} + Bx_t + \varepsilon_t \qquad t = 1, 2, \cdots, T \qquad (6-1)$$

其中：矩阵 A_1，$\cdots$，A_p（$k \times k$ 维）、矩阵 B（$k \times d$ 维）是待估计的系数矩阵。y_t 是内生变量向量（k 维），x_t 是外生变量向量（d 维），p 是滞后阶数，T 是样本个数。ε_t 是扰动向量（k 维），可以同期相关，但不能与其滞后值相关，也不能与等式右边的变量相关。假设 Σ 是 ε_t 的协方差矩阵，为 $k \times k$ 阶正定矩阵[①]。

如果行列式 $det [A (L)]$ 的根都落在单位圆以外，这表明式（6-1）满足平稳性要求，可以用无穷阶向量移动平均形式来表示，如式（6-2）：

$$y_t = C (L) \varepsilon_t \qquad (6-2)$$

其中，

$$C (L) = A (L)^{-1}, \quad C (L) = C_0 + C_1 L + C_2 L^2 + \cdots, \quad C_0 = I_k \qquad (6-3)$$

如果对 Σ 矩阵不施加限制性条件，可以采取最小二乘法（OLS）来估计 VAR 模型，Σ 矩阵的估计量为：

$$\dot{\Sigma} = \frac{1}{T} \sum \dot{\varepsilon_t} \dot{\varepsilon_t} \qquad (6-4)$$

其中，$\dot{\varepsilon_t} = y_t - \hat{A}_1 y_{t-1} - \hat{A}_2 y_{1-2} - \cdots - \hat{A}_p y_{t-p}$。在估计出 VAR 的

---

① 许茂为：《中国利率期限结构动态变化的宏观解释》，厦门大学硕士学位论文，2008。

参数值后，由于 $A(L)C(L) = I_k$，因此也能得到相应的向量移动平均模型的参数估计值[1]。

由于等式右边仅仅包含各内生变量的滞后值，故无须考虑同期相关性问题。采用普通最小二乘法（Ordinary least square，OLS）估计就能得到 VAR 简化式模型的一致、有效且无偏估计量。另外，即便存在扰动项 ε_t 的同期相关，采用 OLS 仍能估计出有效参数值，因为此时所有方程都具有相同回归量，这等价于广义最小二乘法（General least square，GLS）估计。

二　VAR 模型的建立及分析

（一）计量模型建立

本书将考察一国经常账户收支最重要的影响因素，进而预测这些影响因素变量对经常账户收支变量的影响。因此，本书的计量方程具体为：

$$CA_t = \alpha_1 CA_{t-1} + \cdots + \alpha_p CA_{t-p} + \beta_1 SAV_t + \beta_2 CRE_t + \beta_3 RER_t + \varepsilon_t, t = 1, 2, \cdots T$$

其中：CA_t 表示美国在 t 期的经常账户收支占 GDP 之比；SAV_t 表示美国在 t 期的储蓄率；CRE_t 表示美国在 t 期的信贷水平；RER_t 表示美国在 t 期的实际有效汇率；ε_t 是随机扰动向量。

（二）指标选取与数据来源

为了增加时间序列分析的长度，提高 VAR 样本外预测的准确性，本书采用美国 1999 年至 2010 年的季度数据，各变量序列数据均

---

① 高铁梅：《计量经济分析方法与建模——Eviews 应用及实例》，清华大学出版社，2006。

来自美国经济分析局。经常账户收支 CA_t 选取美国经常账户收支规模占 GDP 比重；储蓄水平 SAV_t 用储蓄占可支配收入之比进行拟合；信贷水平 CRE_t 为每季度消费信贷额的增长率，反映美国的信贷水平变动情况；实际有效汇率 RER_t 是经过消费者物价指数调整后的按贸易加权的汇率（以 1997 年为基期）。以上指标数据均来自美国经济分析局。

各变量与经常账户差额的关系为：

1. 储蓄水平

经常项目收支的吸收分析法认为一国经常项目等于储蓄减去投资，一国储蓄大于投资则出现经常账户盈余；反之则出现经常账户赤字，这表明一国可以通过调整储蓄率来改变经常账户收支状态。

2. 信贷水平

经济项目收支的货币分析法认为国际收支失衡的原因在于国内货币市场的不平衡，货币当局扩大国内信贷规模将使货币供给超过货币需求，导致国际储备减少和国际收支逆差出现。

3. 实际有效汇率

根据经常项目收支的弹性论，在购买力平价成立的基础上，一国的进出口额取决于收入效应、汇率效应等。在实证研究中，通常是假定进、出口需求是贸易伙伴国收入水平、本国收入水平、本国出口商品价格、贸易伙伴国出口商品价格、汇率 S（直接标价法）等变量的函数。这意味着，通过本币汇率调整可以影响一国的经常项目差额：本币汇率贬值，一国经常项目收支改善；本币汇率升值，一国经常项目恶化。

各变量的描述性统计见表 6 - 2。从 1999 年第 1 季度到 2010 年第 4 季度，美国经常账户余额占 GDP 之比的平均值为 - 4.44%，其间经常账户赤字水平最高为 6.48%，最低为 2.41%；储蓄率的平均值为 3.39%；信贷变化的平均值为 4.35%，这说明这期间美国国内消费信贷总体上呈不断扩张趋势；实际有效汇率的平均值为 101.9，虽然较基期 1997 年有略微升值，但从样本内趋势来看美元实际有效汇率总体呈贬值趋势。

表 6 - 2　各变量描述性统计结果

变　量	个　数	均　值	标准差	最小值	最大值
CA	48	-4.44	1.05	-6.48	-2.41
SAV	48	3.39	1.42	1.18	7.15
CRE	48	4.35	4.37	-5.53	12.20
RER	47	101.90	7.76	87.49	116.15

（三）VAR 模型估计

建立 VAR 模型前，本书首先对 CA、SAV、CRE、RER 这四个指标进行 ADF 单位根检验，结果发现 CA、SAV、CRE、RER 均为一阶单整序列。进而对上述四个指标进行 Johansen 协整检验，结果显示，CA、SAV、CRE、RER 这四个变量在 5% 的显著性水平上存在唯一协整关系，这表明四个变量可以建立 VAR 模型。

表 6 - 3　VAR 模型滞后阶数检验

Lag	LogL	似然比检验（LR）	最终预测误差（FPE）	赤池准则（AIC）	斯瓦茨准侧（SC）	Hannan and Quinn 准则（HQ）
0	-236.31	NA	10.64	10.88	11	10.92
1	-158.8	140.93*	0.47*	7.76*	8.25*	7.94*
2	-150.36	14.2	0.49	7.79	8.64	8.1
3	-145.7	7.19	0.6	7.99	9.2	8.44
4	-142.04	5.16	0.79	8.23	9.81	8.82

注：* 代表按相应准则选取的滞后阶数。

VAR 模型估计结果对滞后长度十分敏感。在 VAR 模型的估计过程中，本书采用各滞后长度标准（Lag Length Criteria）检验最优的滞后阶数。如表 6 - 3 所示，LR 检验、FPE 检验、AIC 检验、SC 检验、HQ 检验都显示最优滞后阶数为 1。

采用 Eviews 5.0 进行 VAR 模型估计结果见表 6 - 4。由方程估计结果可以看出：

表 6 - 4　VAR 模型实证结果

	CA	SAV	RER	CRE
CAD（-1）	0.948 [6.271]	0.720 [2.503]	-0.372 [-0.434]	-1.184 [-1.621]
CAD（-2）	-0.188 [-1.274]	-0.327 [-1.163]	0.347 [0.414]	1.463 [2.050]
SAV（-1）	0.163 [1.896]	0.329 [2.002]	-0.263 [-0.538]	0.231 [0.553]
SAV（-2）	0.021 [0.252]	0.119 [0.730]	0.800 [1.657]	-0.924 [-2.243]
RER（-1）	0.053 [2.054]	0.106 [2.136]	1.249 [8.466]	-0.007 [-0.055]
RER（-2）	-0.060 [-2.315]	-0.115 [-2.316]	-0.395 [-2.683]	0.084 [0.667]
CRE（-1）	-0.015 [-0.444]	-0.020 [-0.305]	0.016 [0.084]	0.705 [4.238]
CRE（-2）	0.040 [1.142]	-0.078 [-1.168]	0.312 [1.576]	0.012 [0.071]
常数项	-1.126 [-0.870]	5.010 [2.033]	11.305 [1.543]	-3.349 [-0.535]
R - squared	0.882	0.777	0.935	0.851
Adj. R - squared	0.856	0.727	0.921	0.817
Sum sq. resids	5.534	20.086	177.649	129.382
S. E. equation	0.392	0.747	2.221	1.896

续表

	CA	SAV	RER	CRE
F 统计量	33.618	15.660	65.265	25.612
最大似然比	-16.696	-45.703	-94.748	-87.615
赤池信息	1.142	2.431	4.611	4.294
斯瓦茨信息	1.503	2.793	4.972	4.655
因变量均值	-4.526	3.330	101.769	4.239
因变量标准差	1.032	1.430	7.912	4.436

第一，CA 滞后一期对自身的影响参数为 0.948，这说明第一年的经常账户赤字很大程度上推动了第二年的经常账户赤字水平。

第二，前一期的信贷规模扩张导致当期经常账户赤字增加，但其影响有限，系数为 0.015。这符合经常项目收支的货币分析法。

第三，美国储蓄率对经常账户赤字影响较明显，滞后一期的储蓄率对经常账户赤字的影响参数为 0.163，这意味着，美国储蓄率提高有助于减少其经常账户赤字规模。

第四，前一期实际有效汇率贬值并不能改善美国经常账户收支，前两期实际有效汇率贬值对经常账户收支改善有效，系数为 -0.06。

通过 VAR 模型滞后结构的检验，以上模型的所有根模的倒数都小于 1，这表明本书的 VAR 模型十分稳定，实证结果稳健。

（四）脉冲响应函数

由于 VAR 模型是一种非结构性的分析方法，所以往往我们并不探讨 VAR 模型中回归系数的意义，而是说明一个误差项的冲击对内生变量的影响及其相对重要性，这就需要利用脉冲响应函数进行进一步分析。通过 CRE、SAV、RER 变量分别产生一个标准差大小的冲击，考察对美国经济账户收支未来 20 期的影响程度，结果如图 6-6 所示。

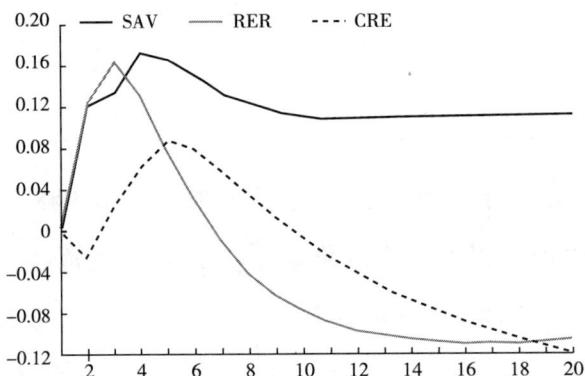

图 6-6   CA 对 CRE、SAV、RER 的脉冲响应函数

第一，储蓄率上升对美国经常账户收支差额会产生持续的正向影响。在当期对储蓄率施加一个正的冲击后，经常账户余额逐渐上升，在第 5 期达到最大值，此后依然维持在较高的水平，说明美国储蓄率的提高对改善美国经常账户赤字有显著作用。

第二，信贷规模的扩张短期能改善经常账户收支，但长期将恶化经常账户收支。具体而言，在当期对信贷规模施加一个正冲击，经常账户余额在前 3 期略微下降后就会促进经常账户余额增加，但从第 9 期开始将对美国经常账户收支产生逐渐增强的负面影响。

第三，实际有效汇率贬值短期恶化美国经常账户收支，但长期将改善经常账户收支，这符合货币贬值的时滞效应理论。美元实际有效汇率贬值对改善经常项目收支的作用在第 7 期开始显现，此后会逐渐加强并一直保持在较高的水平，这也是美国为改善经常账户逆差而推行弱势美元政策的主要原因。

（五）方差分解分析

IRF 描述的是，在 VAR 模型中一个内生变量的冲击对其他内生变量的影响。方差分解的目的是通过分析每一种结构冲击对内生变量变化的贡献程度，来进一步说明不同结构冲击的相对重要程度。方差分解的结果见表 6 - 5。结果显示对 SAV、RER 和 CRE 分别施加一个正冲击后，SAV 对 CA 的影响最大，CA 的首期方差波动 97.8% 来自储蓄率的影响，但这种作用效果会逐渐降低，最后稳定在 55% 左右；RER 和 CRE 开始对 CA 的影响相对较小，但是这种作用效果会逐渐加强。

表 6 - 5　Cholesky 方差分解结果

Period	S. E.	CA	SAV	RER	CRE
1	0.392	2.184	97.816	0.000	0.000
2	0.553	9.545	82.517	7.771	0.167
3	0.662	11.092	73.636	11.358	3.914
4	0.734	13.790	70.451	11.518	4.241
5	0.787	14.470	71.077	10.480	3.973
6	0.826	15.536	71.089	9.651	3.724
7	0.858	16.526	70.591	9.199	3.684
8	0.886	17.501	69.441	9.211	3.847
9	0.911	18.138	68.039	9.615	4.209
10	0.933	18.463	66.517	10.280	4.740
11	0.954	18.487	64.983	11.085	5.445
12	0.974	18.281	63.468	11.950	6.301
13	0.993	17.899	62.003	12.819	7.279
14	1.011	17.400	60.599	13.654	8.347
15	1.029	16.827	59.263	14.433	9.477

续表

Period	S. E.	CA	SAV	RER	CRE
16	1.047	16.216	57.998	15.143	10.643
17	1.065	15.595	56.805	15.779	11.822
18	1.083	14.980	55.683	16.341	12.995
19	1.100	14.386	54.631	16.835	14.148
20	1.118	13.819	53.648	17.266	15.268

（六）VAR 模型的样本外预测

建立 VAR 模型后，无论是脉冲响应函数分析，还是方差分解分析，其目的都是明确各变量之间相互影响的规律，从而预测所考察指标的未来趋势。根据所建立的 VAR 模型，本书对 2011 年第1 季度至 2015 年第 4 季度美国经常账户收支走势作出预测，其结果见表 6 - 6 和图 6 - 8。

表 6 - 6 　2011 年第 1 季度至 2015 年第 4 季度美国经常账户收支占 GDP 比重动态预测

单位：%

时　间	美国经常账户收支占 GDP 比重	时　间	美国经常账户收支占 GDP 比重
2011 - I	- 3.45	2013 - III	- 3.43
2011 - II	- 3.46	2013 - IV	- 3.42
2011 - III	- 3.46	2014 - I	- 3.41
2011 - IV	- 3.47	2014 - II	- 3.40
2012 - I	- 3.47	2014 - III	- 3.39
2012 - II	- 3.46	2014 - IV	- 3.38
2012 - III	- 3.46	2015 - I	- 3.37
2012 - IV	- 3.45	2015 - II	- 3.36
2013 - I	- 3.45	2015 - III	- 3.35
2013 - II	- 3.44	2015 - IV	- 3.33

由图 6 - 8 可知，2011 年第 1 季度到 2011 年第 4 季度，美国经常账户赤字占 GDP 的比重出现小幅增加后，2011 年第 4 季度达到

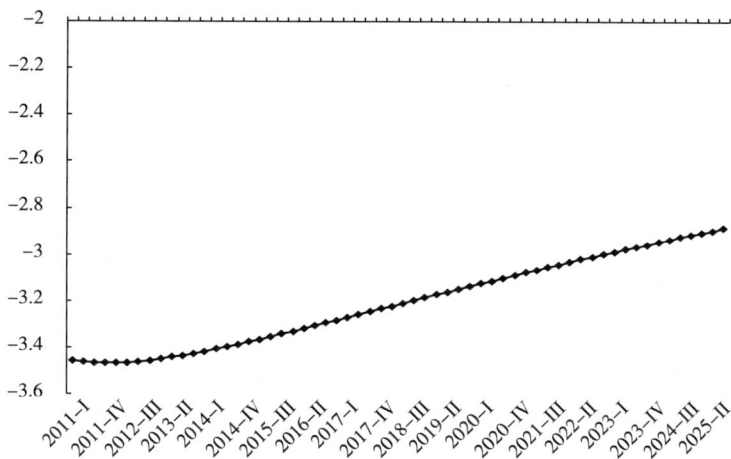

图 6-8 美国经常账户收支占 GDP 的比重预测

3.47% 的峰值。从 2012 年第 1 季度开始，将出现持续下降趋势，最终将回归到 3% 以内。本书的实证结论与 IMF（2010）一致，即以金融危机为契机的全球经济失衡调整具有可持续性，调整原因包括居民消费储蓄习惯的改变、美联储的弱势美元政策以及危机中的信贷紧缩。

三 结论

本书利用 VAR 对经常账户收支、实际有效汇率、储蓄率和信贷水平 4 个变量之间的关系进行了实证分析，并采用 VAR 预测美国经常账户赤字的走势。根据以上分析及预测，可以得到如下结论：

提高储蓄率水平、降低信贷水平、实际有效汇率贬值有助于美国经常账户赤字的削减，其中储蓄率水平是影响美国经常账户收支的最重要因素。经济危机期间美国国内储蓄率的上升、美联储的弱势美元政策以及危机中的信贷紧缩导致了美国经常账户赤字削减，而且 VAR 样本外预测表明：美国经常账户赤字的改善具有持久性，即全球经济失衡会继续向均衡方向调整。

作为全球经济失衡的主要利益攸关方，失衡调整的持久性对中国意义重大。这意味着，中国对外贸易收支盈余规模缩小，中国出口导向型外贸战略的外部环境将不复存在。中国应该积极扩大内需，从依靠出口带动经济增长转向依靠内需带动经济增长，从而将全球经济失衡调整给中国经济带来的负面影响降到最低。

第七章
全球经济失衡调整的国际经济协调

尽管对全球经济失衡调整的路径，国内外学术界存在一定争议，但大多数研究认为，应该加强国际经济协调以避免全球经济失衡激进调整带来的负面影响。Pesenti（2010）建立了一个动态多区域模型，认为全球经济失衡调整需要在一个多边框架内实施，具体而言失衡经济体需要进行宏观经济结构调整，且调整的重任主要落在美国和亚洲新兴经济体身上，即主动扭转过去的储蓄倾向（朝相反方向）；如果缺乏宏观经济结构调整，仅依靠金融市场触发被动调整，将对全球经济产生不利影响。Kinberly（2010）构建了一个多国多部门随机动态一般均衡模型，发现美国私人储蓄率上升、发达国家财政紧缩、汇率有序调整、亚洲新兴经济体内需增加，对金融危机后全球经济失衡调整至关重要。IMF 前总裁Strauss - Kahn（2010）明确提出，为了实现全球经济失衡调整，人民币有必要升值，而其他贸易顺差国应该增加内需。美联储副主席 Yellen（2010）也认为美国的财政政策对美国进出口及资本净流入、新兴经济体国内需求乃至全球经济失衡调整具有重要影响。

但另一些学者如 Qureshi（2011）、黄明皓（2010）则认为汇率不是造成全球经济失衡的根本原因，全球经济失衡调整离不开汇率杠杆，但不完全取决于汇率，而增长导向的再平衡需要强化结构性改革，并需要加强发展中国家在平衡全球经济增长中的作用。尤其是随着国内外学术界深刻认识到 IMF 和 WTO 等全球治理机构在全球金融自由化改革和国际金融危机中暴露出的治理缺陷（Jing Gu、John Humphrey，2008；Daniel Gros，2009），越来越多的学者开始倡议改变当前全球治理结构，尤其是新兴经济体（特别是亚洲）的快速崛起也要求增强其对全球经济治理的影响力（Miles Kahler，2010）。

总之，本次全球经济失衡涉及多个经济主体，且失衡持续时间长、规模大。相关研究表明，各方应该主动采取措施促进全球经济失衡调整。单靠一个国家政策调整很难实现全球经济失衡调整，只有各失衡经济体共同参与，采取协调行动和措施，才有助于实现全球经济失衡调整，降低世界经济发展中的风险。

第一节　国际经济协调的发展

一　国际经济协调的含义

国际经济协调，全称为宏观经济政策的国际协调，是指在各个国家或国际组织之间，以发达国家或国际经济组织为主体，就贸易政策、汇率政策、货币政策和财政政策等宏观经济政策进行磋商和协调，适当调整现行的经济政策或联合采取干预的政策行动，以缓解政策溢出效应和外部经济冲击对各国经济的不利影响，实现或维持世界经济均衡，促进各国经济稳定增长。国际经济协调的基础是各国经济的相互依赖和国际经济传递机制。

国际经济协调的核心和目标是：调节经济全球化过程中国际共同利益和民族国家利益的矛盾，实现世界经济和各国经济的有序运行，促进世界经济和各国经济的增长。所以，国际经济协调的作用在于：各国政府通过一定方式寻求各国经济利益的共同点，以相互依赖关系和经济传递机制为纽带，实现各国整体利益的最大化和各国内外经济平衡基础上的世界经济均衡。

从历史上看，国际经济协调有三种框架：一是多边协议框架下的机构性协调，如协调各国以国际支付方法为主的国际货币体系、以关税和贸易总协定为内容的国际贸易体系和以协调能源政策为目的的国际能源机构。二是在区域经济一体化过程中的地区协调，如欧盟、北美自由贸易区和东盟等内部的协调。三是领导人会晤机制下的定期协调，如每年一次的二十国集团首脑会议以及每年两次的财政部长和央行行长会议。以国际经济组织为载体、多边参与、发达国家主导，是上述三种国际经济协调的共同特点。具体到本次全球经济失衡调整，以美国、日本、中国、欧盟等为代表的各失衡经济体、国际货币基金组织（International Monetary Fund，IMF）、二十国集团（Group 20，G20）、世界贸易组织（World Trade Organization，WTO）等都是国际经济协调的参与者。

二　国际经济协调的发展

随着经济全球化的发展和世界经济格局的演变，国际经济协调的内容和形式也相应地不断调整。从国际经济协调的内容来看，其经历了从局部到全面的过程。从国际经济协调的形式来看，其

从依靠少数国家、少数国际经济组织转变到多边协调。具体可以划分为以下三个不同阶段:

第一个阶段是战后初期到 20 世纪 70 年代初期,即国际经济协调的建立与启动时期。尽管在这个时期建立了诸多国际经济组织,包括 IMF、世界银行、关税及贸易总协定(General Agreement on Tariffs and Trade,GATT)、经济合作与发展组织(Organization for Economic Co – operation and Development,OECD)等,但美国凭借其在经济、军事和政治上的优势,在很大程度上控制了这些国际经济组织,进而控制了国际经济协调。到 60 年代后期 70 年代初期,随着美国经济实力相对衰弱,布雷顿森林体系的瓦解,其他经济体实力的崛起,美国在国际经济协调领域的控制权也随之削弱。

第二个阶段是 20 世纪 70 年代初到 80 年代初,进入国际经济协调频繁时期。这个时期世界经济处于动荡时期:西方主要国家经济陷入滞胀;布雷顿森林体系崩溃,导致国际金融处于无序状态;贸易保护主义盛行,非关税壁垒层出不穷;世界经济出现美、欧、日三极争夺的格局。在此背景下,国际经济领域矛盾层出不穷,为了维持国际经济秩序,迫切需要加强国际经济多边协调与合作。在此期间,国际货币基金组织(IMF)多次召开有关国际货币体系问题的会议,磋商、协调有关汇率制度、本位货币等国际经济问题。与此同时,关贸总协定也展开多边谈判以推进自由贸易。在此期间,以领导人定期会晤形式展开的国际经济协调也开始实施。从 1975 年开始,西方主要发达国家美国、英国、法国、联邦德国、意大利和日本每年举行一次首脑会议,就国际经济、政治问题进行探讨。

　　第三个阶段从 1985 年中期开始至今，进入以西方大国为主的多层次、全方位的多边国际经济政策协调时期，国际经济协调已经建立起具有多种形式和相当规模的协调体系。在这个体系中，既有国际机构的协调，又有区域经济集团之间的协调和政府之间的协调；既有定期举行的经常性协调，又有临时性协调。全球性的多边协调包括联合国属下的国际货币基金组织、世界银行、联合国贸易发展委员会、关贸总协定（世界贸易组织），以发达国家为主的西方七国首脑会议进一步加强。随着国际经济一体化的推进，区域集团之间的协调日益加强，并发展成为国际经济协调的一种主要形式。国际经济协调范围日益扩大，几乎涉及世界经济领域的各种问题。

第二节　全球经济失衡调整的国际经济协调的必要性

一　经济全球化背景下的全球经济失衡调整需要国际经济协调

　　尤其是自 20 世纪 80 年代中后期以来，世界经济全球化进程进一步加快。经济全球化（Economic Globalization）是指，世界经济活动超越国界，通过对外贸易、资本流动、技术转移、提供服务、人员交往等活动，使得各国和地区之间的经济相互开放、相互依存、相互联系而形成的全球范围的有机经济整体。在经济全球化的背景下，各国经济通过贸易、投资等渠道紧密相连，一国的经济活动和经济政策的"溢出效应"也明显加强。在经济全球化背景下，一国的宏观经济政策的独立性大打折扣。本次全球经济失衡始于 20 世纪 90 年代，涉及多个失衡经济体，其中经常账户赤字方主要是美国，而经常账户盈余方，既包括日本、欧元区成员，也包括石油输出国和以中国为代表的其他东亚国家。无论哪一方采取主动措施来纠正经常账户失衡，在全球经济背景下，其政策的独立性都将受到掣肘，政策实施效果也会大打折扣。此次全球经济失衡调整，要求各失衡经济体采取集体行动，单个经济体的政策措施无法纠正失衡。

二　多极化格局下的全球经济失衡调整要求国际经济协调

所谓"极"，就是在不同程度上具有世界意义和影响的经济中心，每一个极或者说每个经济中心，各自应拥有较大的经济实力，可以同其他极或经济中心相抗衡，并对所在地区和周围相当数量的国家甚至对世界范围的多数国家，在经济交往上具有较大的吸引力及辐射力。所谓多极化，简单来说，是指世界经济发展中的多中心化。进入多极化格局，意味着在当前的世界经济领域，没有一个经济体能左右世界经济发展。尽管在本次全球经济失衡调整中，美国多次施压人民币升值，一些学者、研究机构也鼓吹本次全球经济失衡调整需要类似于 1985 年的"广场协议"，但是中国政府在各种场合重申人民币汇率制度改革的三项原则"自主性、可控性、渐进性"。人民币汇率近些年虽然处于上升通道，但总体上遵循以上三原则。这从侧面说明，多极化格局下的全球经济失衡调整不同于霸权时代的全球经济失衡调整。在多极化格局下，世界经济进入多中心化，全球经济资源、实力较分散，单凭个别国家或少数几个国家的力量，无法左右全球经济，也无法实现全球经济失衡调整。只有各利益攸关方或各失衡经济体联合行动，实施国际经济协调，才能实现全球经济再平衡。

三 具有争议的全球经济失衡调整路径需要国际经济协调

不同的全球经济失衡调整路径对各国将产生不同影响，因此关于全球经济失衡调整路径的选择，在发达国家内部，发达国家与发展中国家之间出现了严重的分歧。本书的实证研究表明，对于赤字方美国而言，通过汇率调整来实现经常账户赤字调整，对经济增长的负面影响较小。现实中，美国政府也三番五次地施压人民币升值，企图通过逼迫人民币升值将调整成本转嫁给盈余国家中国。而盈余方中国政府则倾向于通过提高居民消费率，扩大内需来缓解贸易盈余不断扩大带来的国际国内压力。在此背景下，只有通过国际经济协调，设计能够解决发达国家和发展中国家共同问题的治理方式和制度安排，协调发达国家与发展中国家间的利益分歧，在各利益相关方之间公平合理地分担全球经济失衡调整成本，才能完成全球经济失衡调整。

四 全球经济失衡调整的迫切性需要国际经济协调

Alan Ahearne（2007）认为，全球国际收支失衡调整主要有两条路径：一是主要国家通过政策协调实施主动调整；二是听任全球失衡发展下去，由金融市场触发被动调整。前一条路径是渐进式和非破坏性的调整，而后一条路径则是爆发性和破坏性的调整。可能发生的激进调整将以美元无序贬值作为调整机制，进一步引发美元利率上升、美国经济下滑。美元贬值将给那些实行浮动汇率制国家的出口带来压力，如欧盟、拉美和非洲国家；而美元利率上升和美国经济下滑，将会直接影响到包括中国在内的一些出口高度依赖美国的亚洲国家，即使它们实行盯住美元的汇率制度。

亚洲经济的放缓，将减少对初级产品的需求，这又将打击拉丁美洲、非洲国家。这种恶化的情形有可能引发防御性反应和以邻为壑的政策，比如贸易限制政策、竞争性的汇率贬值。总而言之，美国经常账户赤字激进调整会导致世界经济下行加剧，并伴随不可预期的动荡，为了避免全球经济陷入激进调整并引发破坏性后果，国际经济协调不可避免。如果不实施国际经济协调，可能发生的无序调整将给世界经济稳定增长带来隐患和风险。

第三节　IMF 与全球经济失衡调整

尽管世界经济失衡的原因是多方面的，但是美元主导的国际货币体系本身是导致这种不平衡的主要体制原因之一。本节介绍了 IMF 的诞生及其职责，并总结了 IMF 在全球经济失衡调整中应该发挥的作用。

一　IMF 简介

国际货币基金组织（International Monetary Fund，IMF）与世界银行集团（World Bank）、世界贸易组织（World Trade Organization，WTO）共同构成当今国际经济秩序的三大支柱。根据 IMF 的宗旨，它在国际金融领域的主要职能有三个：其一，确立成员国在汇率政策、与经常项目有关的支付，以及货币的兑换性方面需要遵守的行为准则，并实施监督，其目的在于保证有秩序的汇兑安排和汇率体系的稳定，消除不利于国际贸易发展的外汇管制，避免成员国操纵汇率或采取歧视性的汇率政策以谋取不公平的竞争利益。其二，向国际收支发生困难的成员国提供必要的临时性资金融通，促使它们遵守上述行为准则，避免采取不利于其他国家经济发展的经济政策。其三，为成员国提供进行国际货币合作与协商的场所。

根据 IMF 协议条款，IMF 有责任促进国际金融稳定，扩大国际贸易，维持各成员高就业率和实际收入水平，并将开放所有成员的生产性资源作为首要目标（第 2 部分，第 1 款）。正因为如此，IMF 应该致力于降低导致世界经济衰退的金融风险，监管全球货币体系以确保其有效运作，督促每个成员履行其义务。

建立国际货币体系的根本目的是，提供一个便利国家之间货物、服务、资本交流的框架，维持世界经济稳定增长，IMF 目前的失败之处在于不能提供有效的多边监管，无法有效地促进重要经济体之间的合作。有效的多边监管和国际合作能阻止全球经济失衡的无序调整以及由此带来的世界经济衰退。

二　IMF 与全球经济失衡调整

截至目前，无论是 IMF 还是其他金融机构都没有采取任何措施来最小化世界经济失衡带来的无序调整风险，也没有任何应对可能发生的美元危机的措施。面对当前全球经济失衡的激进调整，包括利率突然上升、下滑的全球经济增长率，IMF 能有什么作为呢？根据以往经验，上升的利率可以被视为信贷削减的前兆。在此背景下，IMF 最有可能推荐成员采取财政收支调整政策，但是这会增加全球紧缩的压力。

首先，IMF 应该识别导致失衡的政策根源；其次，促进各国合作，并监督各国对合作方案的执行；再次，要采取措施减少短期的负面影响，而不是加剧负面影响；最后，应该采取一个积极的、超前的政策立场，而不是在危机发生之后才采取行动。

（一）加强对全球经济失衡的研究工作

IMF 对汇率调整、宏观经济、全球金融稳定等有着丰富的研究经验。IMF 应该加强对全球经济失衡的研究工作，明确导致当前全球经济失衡的根源，为政策制定提供基础条件；识别和明确目前趋势所蕴藏的风险，积极探索解决问题的对策。

（二）鼓励采取合作路径来应对全球经济失衡

近来美国财政部向 IMF 施加压力，要求采取更为积极的态度来解决盈余国家尤其是中国的汇率调整问题。汇率政策问题是一个集体行动的问题，如果邻国或竞争者调整汇率，那么该国的汇率政策效果将大打折扣。这和 IMF 第四条款①的作用一致，很明显汇率调整本身并不能解决全球经济失衡。由于经常账户失衡反映了总需求和总供给之间的失衡，将美国的经常账户赤字削减到可持续性水平，并不能依靠汇率变动来解决。一方面，为了维持人们对美元资产的信心，美国要采取措施增加美国国内储蓄、减少预算赤字；另一方面，盈余国家必须增加国内需求。

当前的全球经济失衡需要 IMF 参与，发挥其在货币合作和多

---

① 为维护美元体制，1977 年 IMF 成员国达成协议，确立了"成员国外汇政策指导方针"，即第一，成员国应避免操纵汇率或国际货币体系，获得不公正的竞争力；第二，成员国在必要时可以干预外汇市场，但仅限于应对短期汇率的大幅无序波动；第三，成员国在干预汇率时要考虑他国利益，避免"旨在获得不公正竞争力的市场干预"行为，这被称为 IMF 监管三原则。2007 年 IMF 宣布，修订 1977 年版外汇政策监督原则，新增"避免引发外部不稳定"的第四条款，强化对成员国外汇政策监督。

边监管方面的作用。维持国际金融稳定是 IMF 的最主要责任。在当前的情形下，全球经济失衡给世界经济带来的风险并未引起足够重视。目前，为了短期的利益，单个经济体各自为政，采取以邻为壑的政策，而不考虑其国际影响。由于缺乏 IMF 的有效监管和政策协调，无法保证这些政策符合国际金融稳定、世界经济持续增长的目标。全球经济失衡带来的风险与日俱增，有可能会导致危机和全球经济衰退。为了阻止无序调整和促进全球经济增长，IMF 应该在协调解决全球经济失衡方面起到核心作用，鼓励采取合作路径来解决全球经济失衡，促进需求从赤字国家向盈余国家转移。

（三）实施监管

工业化国家有能力执行反周期政策以减少危机的破坏性，从而促进经济增长。相反，伴随日益一体化的资本市场，大多数发展中国家无法执行类似的反周期政策。对许多发展中国家政府而言，实施反周期性波动的宏观经济政策空间有限，因为与其面临的外部冲击规模相比，其可动用的财政资源和外汇资源往往较少。被国际资本流动所证明的顺周期偏误，经常被 IMF 所设置的种种条件放大。发展中国家或低收入国家没有其他选择，只能采取紧缩政策防止国际收支进一步恶化，以避免信心危机和大量资本外流。在这种背景下，面对资本账户的流动性，发展中国家对此的防御性反应是，维持竞争性汇率，追求经常账户盈余，累积国际储备以自保。

综上所述，从全球范围来看，发展中国家的这种策略会导致收缩，不过这股收缩的力量被美国的巨额经常账户赤字所抵销。

美国的巨额经常账户赤字也支撑了世界经济的高增长，但是随着美国的生产效率相对降低，强势美元最终会下跌，利率会上升。事实上，建立在消费债务累积基础上的扩张是不可能无限持续的。最终，美国消费不得不让位于高储蓄或高投资，与此同时，全球需求不得不从美国、英国等赤字国家向中国等亚洲盈余国家转移。问题是，如果该调整是渐进的，那么对世界经济增长的破坏性最小；如果说调整是激进的，那么将引起国际经济严重衰退，给大多数发展中国家带来损害。只要全球经济处于扩张阶段，上述调整的风险将是很小的。但是随着美国住房市场降温，资本利得减少或消失，消费者主动或被迫提高储蓄，消费需求下滑，如此一来，世界经济增长的驱动力消失，全球经济将向下调整。而且在这种背景下，随着消费需求下滑，发达国家将会掀起一股贸易保护主义风潮，进一步给全球经济稳定增长带来威胁。

全球经济稳定增长所面临的风险要求 IMF 实施有效监管。但这要求 IMF 不仅要根据主要股东的利益来实施监管，而且要独立于主要持股者，代表所有成员利益，展现其在框架下的领导能力。全球经济失衡给全球金融稳定、经济增长带来严重威胁。在缺乏多边金融支持的条件下，全球经济收缩将对发展中国家产生负面影响，其后果将十分严重。IMF 的主要职责之一是维持全球金融稳定，在持续经济增长的背景下促进世界贸易的扩大。当 IMF 不能有效履行它的监管职责时，其有效性受到质疑。

（四）成立反周期机构，预防出现经常账户失衡激进调整

过去，大多数发展中国家无法实施反周期的宏观经济政策。这部分是由于对国际金融市场运行的反周期偏见，部分是由于有

限的 IMF 融资额度和过高的门槛。目前 IMF 并不能给成员提供有效、及时的金融援助，仅仅在危机发生之后才提供一些援助。但这并不能阻止产生货币贬值、利率上升、私人银行破产、金融部门萧条、失业率上升等后果，这也和 IMF 的宗旨背道而驰，即成员国在纠正宏观经济失衡的过程中不对国民经济、世界经济造成破坏性影响。换个角度，在不均衡调整演变成市场驱动的债务紧缩之前，实施多边预防性干预，及时提供足够的金融干预，这样便能与 IMF 宗旨保持一致。

激进调整对发展中国家的影响成为另一个令人关注的问题。一旦全球经济失衡调整以激进模式展开无序调整，在短期内美元汇率大幅度贬值、利率上升，资本流入美国骤然减少，美国经济增长率下降，进口需求大规模减少，那么这将会给高度依赖出口带动经济增长的东亚发展中国家带来负面影响，即国际收支迅速恶化。在当前的国际金融格局下，在发展中国家最需要资金时，几乎无法通过国际金融市场融资。由于缺乏足够、合适的金融援助，金融危机可能导致严重的经济衰退，甚至延长调整过程，重现拉丁美洲"失去的十年"。所以 IMF 应该提供合适的融资渠道，减少激进调整对发展中国家经济增长的负面影响。这也与 IMF 的宗旨一致，"给成员国提供纠正外部失衡的机会，而不采取有损国家、国际繁荣的破坏性措施"。

当面临国际金融失衡带来的无序调整时，我们建议成立一个反周期机构来帮助发展中国家维持总需求。在外部需求急剧下降，汇率突然调整，美国和世界经济放缓时，该机构可以弥补出口收入下降带来的损失，提高由于利率上升带来的外债偿付能力。同时，预防性干预的缺乏削弱了 IMF 在处理全球经济失衡中的作用。

综上所述，当前的宏观经济失衡要求事前干预。事实上，世界经济需要主要经济体之间保持一定程度的合作，以减少危机发生的概率。在发生危机时，发展中国家需要反周期机构的金融支持。

基于这个原因，我们建议成立一个反周期机构来维持发展中国家的需求，阻止美元下跌引发的竞争性贬值。值得注意的是，与强调汇率错配、过度消费导致的收支问题相比，该类危机是由发展中国家不能控制的外部因素引起的。在这种情况下，努力减少国内吸收是不合时宜的，只会加剧发展中国家经济衰退风险。

第四节 G20 与全球经济失衡调整

在研究全球经济失衡调整这一目标如何实现的过程中，更多学者开始关注为了实现全球经济失衡调整，发达国家将 G8 扩展为 G20 这一国际经济协调领域的新变化。有关 G20 机制化与全球经济治理的研究日益增多。孙丽丽（2010）就明确指出由发达国家和发展中国家共同组成的 G20，已经开始从最初的国际金融危机日益严峻背景下的应急机制，转化成为实现全球经济失衡调整的首要协调机制和平台。而 Gokhan Ozkan（2011）等也认为金融危机加强了 G20 在全球治理中的作用，能够减少全球经济治理中典型的、长期存在的赤字。在这一背景下，有关 G20 的机制特点和中国如何参与 G20 机制下的全球经济治理，开始成为全球经济失衡调整研究中的重要内容之一。庞中英（2011）在回顾第二次世界大战结束到目前的金融危机时期"全球经济治理"的若干经验教训的基础上，对全球经济治理的历史进行了全面总结，并对全球经济治理中的分担治理成本和责任问题进行了重点研究。而赵瑾

（2010）直接提出后危机时代，G20 的首要任务和核心议题是发展，G20 在发展议题下，应注重自身机制化建设、平衡发展和绿色发展；同时 G20 是美国重振和提升全球领导力的新平台，为防止 G20 成为发达国家重新瓜分世界市场，剥夺发展中国家经济增长成果的舞台，中国应积极推动 G20 机制化建设，积极参与议题设定，推动国际货币体系改革，维护发展中国家利益和中国利益。王国兴等（2010）则提出虽然机制化后的 G20 仅仅是对现行全球经济治理框架的一种修正，但增加发展中国家特别是新兴大国的权重仍是我们应当坚持的，在通过 G20 参与全球经济治理改革的过程中，中国既要态度积极，又要坚持改革的渐进性和在原有框架内进行的原则。针对 G20 机制相对原有的 G8 机制的新特点，国内外学者提出了中国应通过强化全球经济治理制度、加强与非国家行为体的机制化建设、追求更加公平的治理等措施，完善 G20 框架下的全球经济治理（李杰豪等，2011；曲博，2010；孙伊然，2011；奈瑞·伍茨，2008 等）。虽然 G20 应当成为当前全球经济失衡调整和治理的核心机制（胡锦涛，2009，2010），但中国仍应该审慎参与 G20 框架下的全球经济治理（周子勋，2010），只有多种路径共同进行协调治理，才能真正在互利共赢开放战略指导下实现全球经济失衡调整。为了减少无序调整的风险，必须在 G20 框架内增加政策合作：汇率调整和逐渐将需求从赤字国家转向盈余国家。

一　G20 简介

二十国集团（G20），由八国集团（美国、日本、德国、法国、英国、意大利、加拿大、俄罗斯）和十一个重要新兴工业化国家

（中国、阿根廷、澳大利亚、巴西、印度、印度尼西亚、墨西哥、沙特阿拉伯、南非、韩国和土耳其）以及一个实体（欧盟）组成。按照惯例，国际货币基金组织与世界银行列席该组织的会议。二十国集团的 GDP 总量约占世界的 85%，人口约为 40 亿，人口则将近世界总人口的 2/3。

G20 的建立最初是由美国等七个工业化国家的财政部长于 1999 年 6 月在德国科隆提出的，目的是防止类似亚洲金融风暴的重演，让有关国家就国际经济、货币政策举行非正式对话，以利于国际金融和货币体系的稳定。二十国集团会议当时只是由各国财长或各国中央银行行长参加，自 2008 年由美国引发的全球金融危机使得金融体系成为全球的焦点以后，开始举行二十国集团首脑会议，扩大了各个国家的发言权，取代了之前的八国首脑会议或二十国集团财长会议。该组织的宗旨是为推动已工业化的发达国家和新兴市场国家之间就实质性问题进行开放和建设性的讨论与研究，以寻求合作并促进国际金融稳定和经济的持续增长。

21 世纪初，随着全球经济失衡的持续存在，美国等发达国家与东亚新兴发展中经济体间的非均衡增长日益凸显，为了加快发达国家的经济增长，美国等发达国家需要东亚新兴经济体更多地参与全球经济失衡的调整。同时，为了提升自身在世界经济发展格局中的地位，增加在全球经济失衡中的实际利益，对发达国家依赖性更强的发展中国家，也有参与全球经济治理的动力。在二者的共同驱动下，发达国家在传统的 G8 治理框架下，进一步拓展吸纳世界主要新兴发展中经济体，如中国等东亚经济体参与全球经济治理，建立了 G20 协调平台。

二　G20 与全球经济失衡调整

以 1973 年和 1985 年的史密斯和广场协议签署为例，纠正全球经济失衡的途径之一是 G20。2010 年 10 月，在韩国庆州 G20 央行行长和财政部长会议召开前夕，美国建议各主要顺差国和主要逆差国制定一个将经常项目差额控制在占 GDP 4% 以内的目标，即所谓量化全球经济平衡方案。2011 年 2 月，在巴黎召开的二十国集团财长和央行行长会议已就衡量经济过度失衡的一揽子指标达成一致，这些指标包括财政赤字和政府债务、私人储蓄率和私人债务、贸易账户、净投资收益以及转移账户，同时充分考虑汇率以及财政和货币政策。

一些经济学家（Buira 2005，Williamson 2005；Cline 2005）认为，目前也需要类似于"1985 广场协议"的行动，虽然当前需要 G20 而不是 G5 的支持。在这个协议中，美国保证实施紧缩财政政策，中国、日本这样的盈余国家要重估其汇率，并且增加所有国家的私人需求以促进全球经济失衡的非衰退调整，实施汇率干预使美元有序贬值。

以上方法包括全球需求从赤字国家转向盈余国家。这是全球经济失衡可行性解决方案的最重要组成部分。如果没有盈余国家的需求上升，美国的财政纠正和美元贬值毫无疑问地会导致世界经济衰退。该方案要想取得成功，其他国家在国内需要采取扩张政策，以弥补由于美国外部调整带来的进出口下降而导致的全球需求下降。所以为了成功地把需求从赤字国转向盈余国，G20 国家都要参与进来。很明显，仅仅依靠中国（仅占美国经济的 20%）并不能抵销由于美国经济下滑所带来的全球需求萎缩。

相较于以市场为主的解决方法，采取协调一致行动协议的几个好处是：第一，该协议可以使经济衰退带来的损失最小化，比如美国消费的突然下降或者国际资金突然从美国撤离；第二，可以解决那些实行盯住美元汇率制发展中国家的集体行动问题，由于担心单独行动会失去竞争力（Cline 2005）；第三，提供了一个协调干预汇率市场的框架。第四，由于包括美国财政调整，集体行动协议向其他国家确保美国也会作出适当调整。

第五节　WTO 与全球经济失衡调整

本次全球经济失衡主要表现为各失衡经济体的对外贸易收支失衡，也是失衡经济体在世界贸易组织（World Trade Organization，WTO）框架下履行自由贸易的承诺和义务过程中发生的一种现象。如果全球经济失衡不能得到妥善解决，最终将会以贸易保护主义这种高成本的方式来释放失衡压力，而这与 WTO 的宗旨背道而驰。在全球经济失衡调整进程中，如何进一步充分发挥 WTO 在国际贸易平衡发展中的协调作用及中国的参与策略，值得我们进一步探讨。

一　WTO 简介

建立世界贸易组织的设想是在 1944 年 7 月举行的布雷顿森林会议上提出的，当时设想在成立世界银行和国际货币基金组织的同时，成立一个国际性贸易组织，从而使它们成为第二次世界大战后左右世界经济的"货币－金融－贸易"三位一体的机构。

1947 年联合国贸易及就业会议签署的《哈瓦那宪章》同意成

立世贸组织，后来由于美国的反对，世贸组织未能成立。同年，美
国发起拟定了关税与贸易总协定（General Agreemen on Tariffs and
Trade，GATT），作为推行贸易自由化的临时契约。1986 年关贸总
协定乌拉圭回合谈判启动后，欧共体和加拿大于 1990 年分别正式
提出成立世界贸易组织的议案，1994 年 4 月在摩洛哥马拉喀什举
行的关贸总协定部长级会议才正式决定成立世界贸易组织。截至
2013 年 9 月 5 日，世界贸易组织拥有 159 个成员方，成员方贸易总
额达到全球的 98%，有"经济联合国"之称。

　　世界贸易组织的宗旨是提高生活水平，保证充分就业和大幅
度、稳步提高实际收入和有效需求；扩大货物、服务的生产与贸
易；坚持走可持续发展之路，促进对世界资源的最优利用、保护
和维护环境；积极努力确保发展中国家尤其是最不发达国家在贸
易增长中获得与其经济发展水平相适应的份额与利益。世界贸易
组织的目标是建立一个完整的，包括货物、服务、与贸易有关的
投资及知识产权等内容的，更具活力、更持久的多边贸易体系。
WTO 协定主要的基本原则包括最惠国待遇原则、国民待遇原则、
透明度原则、互惠原则、自由贸易原则和市场准入原则、公平竞
争原则、对发展中国家和最不发达国家优惠待遇原则、一般例外
和国家安全例外原则。

二　WTO 与世界经济失衡调整

　　在全球范围内推进包括货物、服务、与贸易有关的投资及知
识产权等内容的自由贸易，一直是 WTO 追求的目标。正是在自由
贸易的大背景下，全球经济失衡愈演愈烈。而且，如果全球经济
失衡不能得到妥善解决，各失衡经济体无法就调整方式、调整机

制和调整成本分担达成一致，全球经济失衡调整将以贸易保护的方式展开，这显然与 WTO 的宗旨背道而驰。

（一）妥善及时解决失衡经济体之间的贸易争端，避免贸易战

在全球经济失衡的背景下，失衡经济体尤其是贸易赤字方迫于压力，会出现贸易保护主义的倾向。具体表现为中美之间的贸易摩擦加剧，不仅仅表现在商品层面还表现在制度层面。美国频繁动用反倾销、反补贴、保障措施等对来自中国的产品设限，还多次试图将中国列入"汇率操纵国"的名单，对中国产品征收报复性的高额关税。对于 WTO 成员之间的贸易争端，WTO 总干事承担着斡旋、调停的义务，WTO 的争端解决机制应该高效、公平、及时解决贸易争端，以防止贸易争端久拖不决或不断扩大，防止贸易争端最终演变为贸易战。

（二）推进多哈回合谈判，克服世界经济失衡带来的贸易保护主义

当前的世界经济失衡主要体现在失衡经济体的贸易失衡，具体表现在美国出现巨额贸易赤字，而日本、中国、其他东亚经济体、石油输出国组织保持大量贸易盈余。面对大规模的贸易赤字，美国政府或为转移国内矛盾，或为保护国内产业，常常以此为借口，采取一些贸易保护主义的做法。单边的贸易保护措施，很显然并不符合 WTO 原则。WTO 成立后，于 2011 年启动的多哈回合谈判，由于成员数量增加、谈判议题的针锋相对，迟迟未能达成实质性协议。WTO 的首要任务是推进自由贸易谈判，于 WTO 自身而言，身陷久拖不决的多哈回合谈判，WTO 自顾不暇，更无法分

身去主导世界经济失衡问题。但是本次以贸易失衡为特征的世界
经济失衡，WTO 作为全球唯一一个多边贸易协调组织，应该在其
中发挥重要作用。因此，WTO 应该首先推进多边贸易谈判，在全
球贸易中形成更加自由、更加开放的贸易趋势，抵制贸易保护主
义的兴起，只有这样才能减少全球经济失衡调整带来的负面影响，
为全球经济失衡调整奠定基础。

（三）允许发展中国家以国际收支为理由暂时违背 WTO
义务

一旦世界经济失衡以激进模式展开，美国需求将大幅下降，
一些发展中国家国际收支有可能出现逆转。与美国这样的金融霸
权国家不一样，发展中国家一旦出现国际收支逆差，将很难通过
国际金融市场融资来平衡其国际收支逆差。WTO 应该允许在全球
经济失衡调整过程中发生经常账户困难的发展中国家，援引其一
般例外和国家安全例外原则，暂时违背 WTO 内所承担的义务，以
应对可能发生的国际收支困难。

第八章

中国与全球经济失衡调整

迄今为止，在经济全球化过程中，总共发生了六次世界经济失衡[①]。在前五次世界经济失衡中，无论是主要逆差国还是主要顺差国，都是发达国家，而在当前的全球经济失衡中盈余主体包括以中国为代表的新兴经济体。一方面，作为主要失衡经济体之一，中国面临着全球经济失衡及其调整带来的风险、成本；另一方面，当前的世界经济失衡也给中国经济转型、提高国际影响力提供了前所未有的契机。认清中国在世界经济失衡背景下的经济发展形势，深刻剖析世界经济失衡带给中国经济发展的机遇与挑战，有利于落实科学发展观、贯彻互利共赢的对外开放观，促进中国经济又好又快发展。

第一节　全球经济失衡背景下中国经济的发展

一　中国经济高速发展

改革开放之初，中国的国民经济总体规模较小，参与世界经济的

---

① 刘钻石：《从历史角度看世界经济失衡：文献综述》，《亚太经济》2007 年第 6 期。

程度非常有限。但是随着改革开放进程的深入，中国经济规模不断发展壮大。经过 30 多年的改革开放，中国正在崛起成为一个具有重要国际影响力的世界第二经济大国和第一贸易大国，同时也是全球 FDI 的主要流入国和主要流出国之一，成为推动全球经济发展的重要力量。

（一）GDP 总量增长迅速

当前的世界经济失衡始于 21 世纪初，而当时的中国经历了 1978 年的改革开放、1992 年邓小平南方谈话后的继续扩大对外开放和 2001 年正式加入世界贸易组织（WTO），30 多年的对内改革和对外开放，为中国经济快速发展奠定了良好的制度基础，创造了有利的发展环境。如图 8 - 1 所示，2000 年中国国内生产总值（GDP）为 11928.49 亿美元，仅用了 5 年时间中国 GDP 翻了一番，2005 年中国 GDP 达到 23026.44 亿美元。2003 年至 2007 年，中国 GDP 的增长率始终保持在两位数以上，2007 年更是高达 13%。即使在美国金融危机向全球蔓延的 2008 年，中国 GDP 增长仍维持在 9%。[1] 与此同时，中国 GDP 在全球排名不断上升，2007 年中国 GDP 位于美国、日本、德国之后，在全球位列第四；2008 超过德国排名第三；2010 年超过日本位居全球第二。

（二）与世界各国的贸易联系日益紧密

如图 8 - 2 所示，从新中国成立到改革开放前的 30 年里，中国对外贸易规模较小。1950～1977 年中国货物进出口贸易额累计只有 1606 亿美元，仅相当于 2008 年的 6.3%。与此同时，中国在全球贸易

---

① 数据来源：BVD 宏观经济数据库。

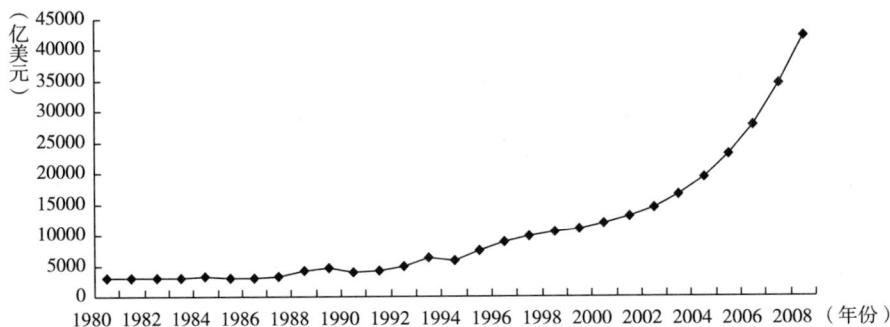

图 8 - 1 1980～2009 年中国 GDP

资料来源：BVD 宏观经济数据库。

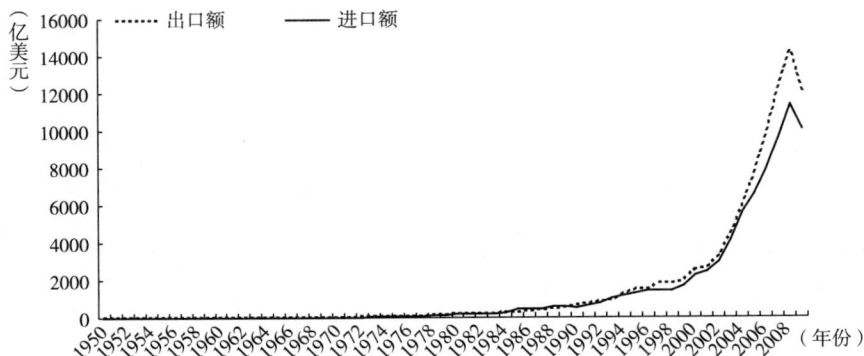

图 8 - 2 1950～2008 年中国进出口贸易额

数据来源：国家统计局编《新中国 60 年》，中国统计出版社，2009。

中所占比重及位次徘徊不前。1950 年中国进出口贸易总额为 11 亿美元，在世界贸易中所占比重为 0.9%，居全球第 28 位。1960 年中苏关系恶化，导致中国国民经济出现暂时的困难，对外贸易额出现下降，到 1966 年对外贸易额才恢复到新中国成立以来的最高水平。在 20 世纪 60 年代末期和 1977 年，由于十年"文化大革命"，中国国民经济遭到破坏，对外贸易发展缓慢。1978 年底党的十一届三中全会以后，实施对外开放政策，国民经济迅速发展，对外贸易也进入了一个新的发展时期。1978 年进出口贸易总额仅约 206 亿美元，在世界贸易中所

占比重为 0.8%，居全球第 32 位。到 1991 年进出口总额突破 1300
亿美元，其间中国对外贸易进出口额几乎每五年就翻一番。1992
年进出口额达 1655.3 亿美元，进出口额继续大幅增长，2001 年中
国正式加入世界贸易组织以后，对外贸易发展进一步提速，在全
球经济低迷的大背景下，仍保持了 7.6% 的增幅，进出口总额达到
5097.7 亿美元，此后仅用 3 年的时间，贸易额翻了一番，2004 年
进出口贸易额超万亿美元，达 11547.4 亿美元。2005 ~ 2007 年，
贸易额几乎又翻了一番，突破 2 万亿美元。2008 年在全球金融危
机的背景下，中国对外贸易额仍旧保持了 17.8% 的高增长率，为
25616.4 亿美元。1978 年改革开放以来，中国进出口贸易的平均增
长速度大大高于国民经济的平均增长速度，也大大高于全球贸易
的平均增长速度，对外贸易在国民经济中的地位不断提高。中国
对外贸易的持续增长，尤其是出口贸易的高速增长，使中国对外
贸易在全球贸易中所占比例不断增加，在全球贸易中的地位逐渐
上升，经济开放度明显提高。从 1978 年到 2008 年，中国对外贸易
额年均增长 18.7%，占全球总贸易额的比重从 1978 年的不足 1%
上升到 2008 年的约 8%。2008 年中国对外贸易额高达 25616.4 亿
美元，居全球第 3 位；其中进口 11330.9 亿美元，全球排名第 3
位；出口 14285.5 亿美元，位居全球第 2，与出口额位居全球第 1
的德国仅相差 270 亿美元[①]。2009 年中国进出口贸易总额虽然有所
下降，比 2008 年同期降低 13.9%，但仍然达到 22072.2 亿美元；其
中进口 10055.6 亿美元，全球排名第 2 位；出口 12016.6 亿美元，位

①　根据中华人民共和国商务部网站相关统计数据、EIU 相关数据整理计算；陈继
　　勇、胡渊：《中国实施互利共赢的对外贸易战略》，《武汉大学学报》（哲学社
　　会科学版）2009 年第 5 期。

居全球第 1。[①] 这说明，中国与世界各国的贸易联系日益紧密。

（三）成为 FDI 的主要目的地

改革开放以来，尤其是邓小平南方谈话以来，外商在华直接投资一直保持快速稳定增长的态势。根据商务部的统计数据，中国实际利用外资额从 1992 年的 110.1 亿美元增长到 2009 年的 900.33 亿美元（见表 8-1），截至 2008 年底中国实际利用外商直接投资（FDI）累计达 9698.5 亿美元。世界银行的数据显示，自 1993 年以来，中国吸收 FDI 在发展中国家中一直占据首位，中国利用外商直接投资的总量占发展中国家引资总量的 30% 左右，占全球 FDI 总流量的近 10%。恰逢产业转移的浪潮在全球展开之时，亟须工业化的中国国内建设资金极度短缺而劳动力资源相对丰富，以此为背景，在对外开放初期，为了弥补国内建设资金的不足，"千方百计吸引外资""鼓励出口创汇"成为当时的政策导向。在此政策导向之下，中国形成"外商直接投资流入额逐年攀升，对外贸易额大幅增长，贸易收支不断创新高"的外向型经济格局[②]。

表 8-1　2000～2009 年中国吸收外商直接投资金额

单位：亿美元

年　份	2000	2001	2002	2003	2004	2005	2006	2007	2008	2009
金　额	407.2	468.8	527.4	535.1	606.3	724.6	727.2	835.2	923.2	900.3

数据来源：中华人民共和国商务部网站，http://www.fdi.gov.cn/pub/FDI/wztj/。

[①] 数据来源：中华人民共和国商务部网站，http://zhs.mofcom.gov.cn/aarticle/Nocategory/201001/20100106747574.html。

[②] 陈继勇、胡渊：《中国实施互利共赢的对外贸易战略》，《武汉大学学报》（哲学社会科学版）2009 年第 5 期。

（四）对外直接投资稳步增长

改革开放 30 多年来，中国对外直接投资快速增长，已经成为中国发展对外经济关系、开拓国际市场的重要方式。尤其是进入 21 世纪，中国对外直接投资增长迅速（见表 8 - 2）。截至 2009 年底，中国 12000 家境内投资者在国（境）外涉及对外直接投资企业 1.3 万家，分布在全球 177 个国家（地区），对外直接投资累计净额（存量）2475.5 亿美元。[①] 联合国贸发会议（UNCTAD）《2010 年世界投资报告》显示，2009 年全球外国直接投资（流量）1.1 万亿美元，年末存量 19.98 万亿美元，以此为基期进行计算，2009 年中国对外直接投资分别占全球当年流量、存量的 5.1% 和 1.3%，2009 年中国对外直接投资流量名列按全球国家（地区）排名的第 5 位，发展中国家（地区）首位。

表 8 - 2　中国建立对外直接投资统计制度以来各年份的统计结果

单位：亿美元

年　份	流　量	存　量
2002	27	299
2003	28.5	332
2004	55	448
2005	122.6	572
2006	211.6	906.3
2007	265.1	1179.1
2008	559.1	1839.7
2009	565.3	2457.5

注：2002～2005 年数据为非金融类对外直接投资数据，2006～2009 年为全行业对外直接投资数据。
数据来源：中华人民共和国商务部网站，http://hzs.mofcom.gov.cn/index.shtml。

---

① 资料来源：中华人民共和国商务部《2009 年度中国对外直接投资统计公报》。

二　中国经济中的失衡问题日益严重

当前中国经济正处于高速增长时期，但经济发展过程中的结构失衡问题日趋严重。对内表现为"高储蓄、高投资"，储蓄始终大于投资；对外表现为对外贸易顺差不断扩大，外汇储备激增，国际收支失衡。

（一）高储蓄、高投资与低消费

如表 8-3 所示，中国储蓄率高于全球平均水平，更是远高于美国，而且差距呈不断扩大之势。1990 年，中国储蓄率为 37.8%，分别比美国、全球平均储蓄率高 180% 和 67%；2001 年中国储蓄率增加至 37.8%，分别比美国、全球平均储蓄率高 207% 和 88%；到 2008 年，中国储蓄率进一步大幅上升达 51.1%，分别比美国、全球平均储蓄率高 416% 和 120%。

表 8-3　1990~2009 年储蓄占 GDP 之比

单位:%

年　份	中　国	美　国	全　球
1990	37.8	13.5	22.7
1991	38	13.4	22.4
1992	37.9	12.8	22.3
1993	40.7	13	21.3
1994	41.7	13.8	21.7
1995	40.5	13.9	22
1996	39.6	14.2	21.8
1997	40.5	15	22.1
1998	39.2	14.7	21.1
1999	38.1	14.3	20.9
2000	37	13.6	21.2
2001	37.8	12.3	20.1
2002	40.3	11.2	19.6
2003	43.8	10.8	20.1
2004	46.7	11.3	21.2

续表

年　份	中　国	美　国	全　球
2005	49.7	11.3	21.8
2006	51.7	11.4	22.8
2007	53.1	11.1	23.5
2008	51.1	9.9	23.2
2009	n. a.	8.5	21.2

数据来源：BVD 宏观经济数据库。

　　除了高储蓄率以外，中国经济的高投资率特点也比较突出。如表
8 - 4 所示，1990 ~ 2009 年，中国平均投资率约为 39% ，而同期美国、
全球平均投资率仅为 15.5% 和 21.7% 。除了高储蓄率、高投资率以外，
中国储蓄率大多大于投资率，经济呈现出储蓄投资失衡的特点。

表 8 - 4　1990 ~ 2009 年投资占 GDP 之比

单位:%

年　份	中　国	美　国	全　球
1990	34.8	14.8	22.9
1991	34.9	13.4	22.8
1992	36.6	13.6	22.6
1993	42.5	14.3	21.5
1994	40.5	15.5	21.9
1995	40.3	15.4	22.1
1996	38.8	15.8	21.9
1997	36.7	16.7	22.1
1998	36.2	17.2	21.4
1999	36.2	17.5	21.3
2000	35.3	17.8	21.7
2001	36.5	16.2	20.6
2002	37.9	15.5	20
2003	41	15.5	20.2
2004	43.2	16.6	21.1
2005	42.7	17.2	21.6
2006	42.7	17.4	22.4
2007	42.3	16.3	22.9
2008	41	14.8	22.9
2009	n. a.	11.4	20.9

数据来源：BVD 宏观经济数据库。

与不断上升的储蓄率、投资率相反，中国的消费率却呈现下滑的趋势，如表8－5所示，1990年中国消费率为62.4%，而2008年下降到50.3%。横向来看，1990～2008年中国消费率在60%左右波动，而同期美国的消费率却维持在90%左右，不过，相较于同期约37%的全球平均消费率水平，中国消费率水平要高。

表8－5　1990～2009年消费占GDP之比

单位:%

年 份	中 国		美 国		全 球	
	私人消费	政府消费	私人消费	政府消费	私人消费	政府消费
1990	48.8	13.6	66.1	20.4	20.4	17.8
1991	47.5	14.9	66.4	20.6	20.6	18.2
1992	47.2	15.2	66.8	20.1	20.1	18.1
1993	44.4	14.9	67.2	19.4	19.4	18
1994	43.5	14.7	67.1	18.8	18.8	17.7
1995	44.9	13.3	67.3	18.5	18.5	17.6
1996	45.8	13.4	67.3	18.1	18.1	17.4
1997	45.2	13.7	66.9	17.7	17.7	17.2
1998	45.3	14.3	67.3	17.4	17.4	17.3
1999	46	15.1	67.8	17.4	17.4	17.3
2000	46.4	15.9	68.6	17.4	17.4	17.2
2001	45.2	16.2	69.5	18	18	17.6
2002	43.7	15.9	69.9	18.6	18.6	18.1
2003	41.7	15.1	70	19	19	18.3
2004	39.8	14.5	69.8	18.8	18.8	18.1
2005	37.7	14.1	69.8	18.8	18.8	17.9
2006	36.3	13.6	69.6	18.8	18.8	17.8
2007	35.4	13.3	69.8	19	19	17.7
2008	36.3	14	70.1	20	20	18
2009	—	—	70.8	20.6	20.6	19

数据来源：BVD宏观经济数据库。

总之，中国经济发展呈现出高储蓄、高投资、低消费的失衡特征，且储蓄率高于投资率。储蓄、投资、消费的失衡也决定了中国经济区域发展失衡、收入分配失衡。因为投资驱动的经济增长必然导致要素分配偏向于资本、企业及政府（因为政府通常是资源要素的最终所有者），而劳动要素的比重低下，劳动收入部分和资本收入部分的相对比重降低，宏观上表现为：地区差距拉大，城乡差距拉大，收入差距拉大，全社会整体边际消费倾向降低。[①]

（二）贸易收支失衡

新中国成立 60 多年来，中国对外贸易从小额逆差转变为巨额顺差，从外汇极度短缺发展成为外汇储备全球第一。1950～1977年，由于中国进出口额较小，对外贸易差额也相对较小。其间，对外贸易逆差最高的年份是 1974 年，达 6.7 亿美元；对外贸易顺差最高的年份是 1973 年，达 6.3 亿美元。从 1978 年到 1989 年，除1982 年、1983 年外中国对外贸易几乎年年呈现逆差，贸易逆差最高的年份是 1985 年，逆差额达 149 亿美元。1990 年至今，除 1993年贸易逆差为 122 亿美元外，中国对外贸易年年保持顺差，持续贸易顺差对中国解决外汇资金短缺问题、积累外汇储备起了决定性的作用。2008 年中国对外贸易盈余 2954.6 亿美元，其中对美贸易盈余 1709 亿美元，约占美国 2008 年贸易逆差的 25%[②]。2009 年中国对外贸易盈余为 1960.6 亿美元，较 2008 年下降 33.6%（见表8-6）。正因为如此，中国在此轮全球经济失衡中扮演了重要的角

---

① 刘煜辉：《号脉中国经济失衡，定位宏观调控着力点》，中国网，http://www.china.com.cn/economic/zhuanti/jrfzbg/2007-12/10/content_9366794.htm。
② 陈继勇、胡渊：《中国实施互利共赢的对外贸易战略》，《武汉大学学报》（哲学社会科学版）2009 年第 5 期。

色，但其背后有着不可复制的内外部条件：即在全球产业大转移的浪潮中，中国凭借稳定的政治环境、优惠的税收政策、低廉的劳动力成本、宽松的资源约束等，吸引了大量的外商直接投资，构建了全球的低价供应平台，表现为出口贸易不断攀升，理所当然地成为这场全球经济失衡最大的顺差国和债权国。

表 8 - 6 2000~2009 年中国对外贸易差额

单位：亿美元

年 份	2000	2001	2002	2003	2004	2005	2006	2007	2008	2009
贸易顺差	241.1	225.4	303.5	255.3	321.3	1018.8	1774.6	2621.9	2954.6	1960.6

数据来源：中华人民共和国商务部网站，http://www.mofcom.gov.cn/tongjiziliao/tongjiziliao.html。

第二节　全球经济失衡调整对中国经济的影响

一　承受人民币升值的压力

由于中国是当前全球经济失衡中的主要盈余国之一，部分学者如美国国会议员 Edwards（2007）、Nicholas（2007）等认为中国的调整尤其是人民币升值、扩大内需对全球经济失衡的纠正至关重要。但是随着研究的深入，不少学者得出与此完全相反的结论。如刘林奇（2007），金洪飞（2007），王胜、陈继勇和吴宏（2007）的实证研究表明，人民币实际汇率对中美贸易净出口没有统计上的影响，人民币升值无助于减少中美贸易顺差，这反映了中国经济的一些重要的结构特征：中国日益成为亚洲供应链的集散地，加工贸易在中国的贸易中占相当大的份额。Cooper（2005）指出，即使人民币升值导致中国的经常账户盈余消除，而且所有的变化反映到中美经常账户中，也仅仅只能减少美国经常账户赤字的

10%。Yu（2007）在国际经济研究所（Institute for International Economics，IIE）组织的有关全球经济失衡的会议上指出，中国经常账户盈余的重要性由于政治的原因被人为夸大了。Bagnai（2008）采用一个全球宏观计量经济模型，探讨起源于中国经济的几种冲击：积极的财政政策、人民币升值和扩大内需对全球经济失衡调整的影响，实证结果表明，中国单方面调整对美国赤字削减影响甚微。

尽管当前理论界就人民币升值是否能削减中美之间贸易差额，乃至促进全球经济失衡调整并没有达成共识，但在巨大的国际压力下，人民币加速了升值步伐。人民币兑美元的汇率从 2005 年 7 月 21 日汇改时的 1∶8.25 到 2010 年 11 月 14 日的 1∶6.64，累计升值幅度已达 15%，中国汇改的三原则是"主动性、可控性和渐进性"，而美国以对外贸易逆差尤其是对华贸易逆差扩大为借口，放任美元贬值，给中国汇率改革、经济稳定带来不少负面影响：如国外游资的涌入，中小出口企业的利润大幅下滑甚至破产，不少制造厂开工不足等。

二 贸易保护主义抬头，贸易摩擦加剧

面对对内财政赤字和对外贸易赤字，美国国内贸易保护主义抬头。美媒体大肆鼓吹中国采取"不公平"贸易做法，同中国开展贸易意味着向中国输出就业岗位，以激发民众对"中国制造"的反感情绪；甚至有些公众人物如美国经济战略学会会长 Clyde Prestowitz 偏执地认为，在不完全竞争条件下，在存在跨国要素流动情况下，中美贸易是零和博弈。随着中国出口高速增长、贸易顺差急剧扩大，国外对中国的贸易救济措施迅速增加，针对中国

的新的保护措施层出不穷，中国的出口几乎遭遇到了所有形式的非关税壁垒，例如特殊保障措施、反倾销、反补贴、质量问题、知识产权问题等。以反倾销为例，1995～2008 年全球反倾销措施共2190 起，其中中国是全球最大的反倾销受害国，针对中国的反倾销措施多达 480 起，占 22%①。截至 2009 年底，中国已经连续 14年成为全球遭遇反倾销调查最多的国家。1995～2008 年，全球反补贴措施共 128 起，尽管被视为非市场经济体，中国还是成为全球反补贴措施的第二大受害国，其中针对中国的反补贴措施有 13 起，占 10%。2009 年以来，中国面临的外贸形势急剧恶化，贸易摩擦强度前所未有。根据商务部统计，2009 年前三季度，有 19 个国家对中国产品发起 88 起贸易救济调查（其中，反倾销 57 起，反补贴9 起，保障措施 15 起，特保 7 起），涉案总额达到 102 亿美元，同比分别增长 29% 和 125%。全球 35% 的反倾销调查针对中国出口产品，全球 71% 的反补贴调查针对中国出口产品，其中，美国对中国贸易救济调查涉案总额达 58.4 亿美元，增长 639%，中国成为全球贸易保护的最大受害国。2010 年，美国国际贸易委员会共发起 58 起 337 调查，其中有 19 起调查被诉方涉及中国企业，占调查总数的 1/3。2010 年美国对华发起的 337 调查案件数量创历史新高。② 全球经济失衡调整，即意味着美国赤字规模的削减，在此过程中，美国除了努力扩大出口之外，必将对进口实施更为严格的限制。作为当前全球经济失衡中主要盈余方的中国，在今后的一段时间内面临的贸易壁垒可能会进一步增加。

---

① 根据 WTO 网站相关统计数据计算。

② 数据来源：中华人民共和国商务部网站，http://www.mofcom.gov.cn/。

三　美国"再工业化"战略将导致中美竞争加剧

在金融危机背景下，面对对外贸易赤字不断攀升、对内财政赤字日益恶化的情景，美国总统奥巴马提出"再工业化"战略，旨在减少经济对金融业和服务业的依赖，重振制造业，回归实体经济。"再工业化"这一概念，在对传统工业基地的改造和振兴中被广泛应用。学术界普遍认同"再工业化"是"一种刺激经济增长的政策，是通过政府的帮助来实现旧工业部门的复兴和鼓励新兴工业部门的增长"[①]。美国实施"再工业化"战略将对中国产生如下影响。第一，两国将在传统工业部门产生更加激烈的竞争。美国"再工业化"战略，意味着美国将重振传统制造业，增加出口，力促贸易平衡。美国制造业将利用其技术、品牌等优势和中国在国际市场上展开竞争，甚至在竞争规则和国际贸易规则上和中国产生冲突。第二，中国发展先进制造业容易受到美国技术封锁。美国"再工业化"战略的实施，势必会对资本和技术输出作出限制，尤其会加强技术封锁。第三，如果美国"再工业化"成功，资本将流入美国，对于中国而言会形成一定打击。

四　受制于全球经济失衡调整的国际经济协调

全球经济失衡规模的不断扩大，引起了国际社会的广泛关注。为了避免不断扩大的失衡规模威胁全球经济增长，各国意识到要加强多边合作来削减赤字或盈余规模，故而全球经济失衡调整成为当前国际经济协调的重点目标之一。在 2010 年 11 月 11 日、12

---

① 原磊：《"再工业化"构想》，《人民日报》2009 年 8 月 10 日。

日 G20 首尔峰会期间，美国前财政部长盖特勒提出了各国为各自的经常项目盈余或赤字设定量化目标的建议：G20 成员在 2015 年前，将本国的经常项目盈余或赤字占 GDP 之比降至 4% 以下。在此之后，在 2011 年 11 月 19 日、20 日的 G20 财长和央行行长会议上，与会各方就全球经济失衡是否过度的衡量指标选取达成一致，包括财政赤字和政府债务、私人储蓄率和私人债务、贸易账户和净投资收益与转移账户、汇率、财政和货币政策。这预示着，通过国际协调促进全球经济失衡调整是未来的方向。同时也意味着，作为全球经济失衡的盈余方，中国必将面临来自全球经济失衡调整的约束。

五 面临全球经济失衡激进调整所带来的风险

以贸易收支失衡为表象的世界经济失衡使全球经济面临着经常账户激进调整的风险。从历史经验来看，经常账户赤字一旦超过可维持的临界水平，会发生经常账户反转，而经常账户的激进反转又往往和金融危机联系在一起。世界经济失衡调整所面临的主要风险是美元可能硬着陆，即美元大幅度贬值，流入美国的资本骤然下降，进而使美国经济增长大幅减缓。首先，由于中国外汇储备中有相当一部分美元资产，若美元大幅度贬值将直接导致中国外汇储备遭受损失。2010 年中国外汇储备资产规模已经超过2.5 万亿美元[①]，假设其中美元资产约占 70%。若美元汇率贬值10%，意味着中国将面临 1680 亿美元的损失。其次，面对大量的

---

① 数据来源：国家外汇管理局网站，http：//www.safe.gov.cn/model_safe/index.html。

贸易盈余，为了避免基础货币投放被迫增加的问题，中国实施了广泛的冲销政策，在中央银行的资产负债表上，资产方的外汇储备对应着负债方的央行票据，美元贬值造成的资产缩水可能会影响中央银行未来还本付息的能力，甚至会导致央行票据违约情况的发生。[①] 再次，若经常账户反转导致美国经济增长下滑，美国净进口需求将萎缩，这对高度依赖出口的中国经济增长尤为不利。最后，美国赤字削减对应的是其他国家贸易盈余的减少，包括中国贸易盈余减少，而一国贸易盈余的削减将减少总需求，从而导致就业下降。

第三节　全球经济失衡调整的对策建议

一　促进技术革新和技术合作

当前的国际分工体系是全球经济失衡的内在原因，即拥有金融比较优势的国家倾向于产生贸易逆差，而拥有制造业比较优势的国家容易出现贸易盈余。创新会通过市场价格调整等形式，推动已有的经济均衡和利益格局发生变化，打破原有的平衡，这个变动和调整的过程就是从失衡走向均衡的过程。因此各国促进技术革新和技术合作，对于全球经济失衡调整具有重要意义。加强技术合作，尤其是美国放松对华高新技术产品出口管制，对于纠正中美贸易失衡有非常重要的意义。作为世界高新技术产品出口的头号大国，美国对华高新技术出口却居于欧盟、日本之后，而

---

① 张明：《全球国际收支失衡的调整及对中国经济的影响》，《世界经济与政治》2007 年第 7 期。

且在美国对华出口中，敏感技术和高新技术出口所占比重也相对较小。因此，美国应该加强与他国的技术合作，不断放宽或取消对华高科技产品的出口管制，这既可以增加美国的出口额，又可以促进中国对外贸易增长方式转变，增加进口，从而有利于改善中美贸易失衡现状。

二　完善国际金融体系

与历史上的全球经济失衡相比，当前的全球经济失衡之所以失衡规模大、持续时间长，与当前的国际金融格局是密不可分的。东亚国家为避免资本突然流出、汇率波动等风险，不断累积外汇储备，追求贸易盈余；而美国凭借美元的国际储备货币地位，依靠国外借贷满足居民高消费，从而出现贸易赤字。美元在国际货币体系中的霸权地位，美国经济在世界经济中的支配地位，决定了美国在全球失衡调整中的主导地位，包括中国在内的其他处于从属地位的经济体，很难通过汇率、利率对此进行调整。实现世界经济平衡的根本方法，在于推动国际货币的非国家化和国际政策协调机制的民主化，建立一个均衡的、能够灵活调节国际收支的、新的国际货币体系。

当前的国际金融体系实际上呈现出"美元霸权"的特征，各国不平衡的国际金融实力，推动了金融欠发达国家追求贸易盈余、累积外汇储备，而金融实力发达的国家由于可以轻易地从国际市场上借贷，事实上面临的是消费预算软约束，故而国内表现出居高不下的消费水平，对外表现出大规模的贸易赤字。各国国际金融实力差距客观存在，为了解决当前的全球经济失衡问题，可以加大特别提款权的使用范围，改变其使用方式，或者设立央行互换额度。如此一来，金融欠发达国家将放弃不断累积外汇储备，金融发达国家的消费预算在一定程度上可得到约束，全球的消费储蓄不平衡格局得以扭转，全球经济失衡规模将削减。

三　全球储蓄消费平衡

全球储蓄消费失衡是当前全球经济失衡的重要原因之一，具体表现为美国低储蓄、高消费，而以中国为代表的东亚国家高储蓄、低消费。实现全球储蓄消费平衡，是全球经济再平衡的必经之路。这需要美国与亚洲国家共同努力。以美国为代表的发达国家需要降低国内总需求水平，控制过度消费，提高储蓄率；以中国为代表的东亚国家需要扩大内需，增加消费率，适当增加进口，降低储蓄率。但是，实现全球储蓄消费平衡需要"集体行动"，无论是盈余国还是赤字国，都需要作出努力，仅凭单个国家单方面调整国内储蓄消费模式，不仅有违公平原则，而且对全球经济失衡调整的影响有限。

四　各国主动采取措施实现全球经济失衡的渐进调整

当前全球经济失衡调整，意味着美国经常项目赤字规模削减。本书实证研究结果表明，实现经常账户赤字反转，渐进调整模式比激进调整模式产生的成本更小，即对经济增长的负面影响更小。为了减少全球经济失衡调整对美国经济增长的负面影响、维护世界经济稳定发展，各国应该主动采取措施实现全球经济失衡的渐进调整。如果放任全球经济失衡发展，一旦全球经济失衡规模达到失衡上限，极有可能由金融市场触发被动调整，即激进调整。

五 中国实现全球经济再平衡的对策建议

为了应对世界经济失衡调整给中国经济带来的影响，对内中国需要调整对外贸易增长方式、经济发展方式；从国际上来看，为了缓解世界经济失衡调整带来的冲击，中国必须加大海外投资，改变当前的国际贸易秩序、国际金融货币格局，化被动为主动，以世界经济失衡调整为契机，提高中国国际影响力和改善在世界经济格局中地位[①]。当前世界经济失衡不仅是对中国经济的挑战，而且是中国经济借此改变世界经济格局、大幅提升中国经济整体实力的时机，是争取中国经济长期稳定繁荣发展的历史良机。

(一) 促进对外贸易战略调整

在世界经济失衡背景下，作为主要贸易盈余方之一，中国出口在国内面临资源短缺、环境恶化的制约；在国际上不仅频受贸易保护主义影响，而且人民币汇率也承受着巨大的升值压力。面临不断恶化的贸易发展环境，中国对外贸易战略调整迫在眉睫，具体表现在两方面：一是由出口导向外贸战略转变为追求国际收支基本平衡战略，二是由粗放的、以量取胜的对外贸易增长方式向集约型、效益型转变。追求国际收支基本平衡并不意味着减少出口，而是为了增加进口，尤其是增加高新技术、资源的进口。作为全球最大的贸易逆差国，美国减少贸易赤字的途径之一是扩大出口，这或许意味着，美国会放宽对中国的高科技产品出口，从而给中国的产业升级

---

① 李稻葵：《世界经济失衡是中国打破世界经济格局的最好机遇》，《新财富》2007 年第 1 期。

和技术发展带来机会，也给中国对外贸易增长方式转变提供机遇。对外贸易增长方式的转变主要体现在提高出口产品附加值和打造出口品牌战略。提高出口产品附加值意味着改变过去单纯依靠廉价劳动力、大量消耗资源和忽略环境保护的出口模式，而是通过加大研发力度，出口具有自主知识产权、科技含量高、环境友好、节约资源的知识密集型产品。打造出口品牌战略，并不是一朝一夕之事，它要求企业不以追求短期内利润为目标，而是树立长远眼光，从产品研发、生产、销售、售后各个环节贯彻"精品"理念，重视知识产权和产品商标，历经时间的锤炼，成就企业或产品的品牌。

（二）推进经济增长模式转变

经济发展的"三驾马车"分别为出口、投资、消费，长期以来中国经济增长过度依赖出口，与此相应的是内需不足。全球经济失衡的无序调整会导致美元汇率下滑、美元利率上升，甚至导致全球利率上升。美元利率上升反过来会引发美国经济下滑，减少对进口商品服务的需求，中国面临着国外进口需求萎缩的局面，这促使中国经济增长模式由依靠外需转变到内需、外需并重。只有立足于扩大内需，努力开拓国内市场，才能有效克服外部环境变化的不利影响，防范和化解外部冲击带来的各种风险，增强中国经济的安全性和稳定性。

在经济全球化背景下，中国与世界经济的融合日益加深，中国俨然成为世界经济的重要组成部分。因此，就世界经济失衡而言，中国经济的内外部失衡也是其重要表现。换言之，世界经济失衡的调整，也需要中国经济的平衡性调整。综合判断世界经济失衡的调整趋势，中国的经济发展仍处在大有作为的重要机遇期，既面临难得的历史机遇，也面对诸多可以预见和难以预见的风险挑战。中国应该采取"主动自我调整、积极推动他方调整"的策略，应对世界经济失衡，实现自我经济发展的飞跃。

（三）加大金融深化力度，注意防范风险

改革开放以来，一方面，中国经济货币化程度不断提高，具体表现为 M2 占 GDP 的比重在全球处于前列，甚至超过一些 OECD 国家，另一方面，中国也确实存在金融资产单调、金融市场发展不均衡、金融效率不高、金融服务覆盖不全等金融压抑问题。总的来说，中国金融市场的改革和发展一直滞后于实体经济，加之中国又是高储蓄的国家，相对企业融资需求和投资者投资需求，金融部门的有效供给显得相对不足。金融机构和融资渠道的拓展受到较为明显的压抑，这使得国内储蓄不能有效转化为投资，转而购买国外资产比如美国国债，这是支撑当前全球经济失衡的重要因素。本书的研究结果也表明，提高金融深化水平可以减少盈余国家的经常账户盈余规模。因而中国需要加大金融深化力度，推进国内金融自由化，包括加快直接融资的发展、推进利率市场化、加快产品创新、放松产品定价等方面的过度管制，发挥市场在资源配置方面的基础作用。当然，一个国家的金融深化水平应该与其经济发展阶段、制度建设等相匹配，注意防范风险。

（四）推进人民币国际化，提高对国际金融的影响力

尽管中国储蓄率和储蓄总量在世界名列前茅，也是全球主要的资本输出国之一，但是中国对外的储蓄盈余和资本流出主要以美元计价，辅之以欧元和日元。这意味着，当美元汇率贬值的时

候，以美元计价的资产缩水，中国承担着巨大的汇率波动风险。解决这一问题的关键在于推动人民币国际化，让以人民币计价的资产成为世界主要中央银行的外汇储备的一部分，成为国际金融市场的主要金融交易工具。当前，有大量以人民币升值投机为目标的短期资金流入。中国可以以此为契机，在国际市场上培育人民币二级市场，推动人民币国际化，将这些资金引导到二级市场上。只有推进人民币国际化，才能从根本上打破国际金融市场上中国经济的弱势格局，使中国经济远离由国际收支危机所带来的金融危机。

随着全球经济由失衡到再平衡的实现，将单一美元作为世界大宗商品贸易结算货币的国际货币体系将被改变。在此过程中，必然要在世界范围内积极推动储备货币、国际贸易结算货币和国际大宗商品计价货币的多元化。中国应该从深化区域协调着手，以中国、日本、韩国、东亚经济和产业的互补为基础，致力于建立更为紧密的经济区域合作，重提《清迈协议》，积极促进区域金融合作，培育包括亚洲货币市场基金、外汇储备基金在内的区域金融市场，建立机构化的区域危机救助机制，为推动由"10 + 3"成员国 13 种货币组成的货币联盟和亚洲汇率联动机制，做好制度性准备，努力推动建立一个多极化的制衡体系[①]。

美国国内低通货膨胀、高收益的美元资产、美国政府债券市场的深化和流动；发展中国家为了应对金融危机，抵御外部风险而持有储备资产的意愿；中国将过剩的储蓄投放在美国资本市场；这些都是支撑美元扮演国际储备货币的关键因素；这些因素也维

---

① 张茉楠：《后危机时代、分工失衡条件下的中国强国之路》，《改革》2008 年第 12 期。

持了直至 2007 年金融危机前世界经济失衡的可持续性。现在全球货币体系处于十字路口，当前国际社会采取的行动决定了美元的未来以及国际货币体系的形态。"多极化"是当前世界经济的发展趋势之一，与此相对应，世界金融格局也正经历着一些重要而深刻的变化，本轮由世界经济失衡引致的金融危机的爆发，更加速了当前世界金融格局的调整。当前世界金融格局的调整主要表现为：美国在金融市场上的地位明显衰落；欧洲的地位进一步上升，亚洲逐渐上升到世界金融的主流地位[1]。近年来，中国经济保持了高速增长的态势，已经发展成为世界第二大经济体和第二大贸易国，成为国际经济的重要一极。随着经济的发展，中国金融也取得了跨越式发展。第一，在过去十多年中国一直维持大量经常项目和资本项目顺差，积累了大量外汇储备。充足的外汇储备和国内稳定的金融环境，为中国金融的国际化发展提供了基础条件。第二，在本次世界经济失衡引致的金融危机中，各国携手采取共同行动，比如联手降息、协调救市等，对抑制市场波动、防止金融危机进一步恶化起到了积极作用。加强国际金融协调与合作，既是应对危机的有效手段，也是国际金融体系下一步发展的趋势。第三，当前中国企业积极实施"走出去"战略，却碍于缺乏相应的融资支持。在此背景下，中国金融业可以抓住机遇，积极开展国际竞争与合作，在合作中加强中国金融与国际金融的合作，实现合作各方的互利共赢，这既是适应国际金融竞争发展趋势的需要，也是提升中国国际金融地位、提高对国际金融影响力的途径[2]。

---

① 陈元：《新金融格局中的中国角色》，《中欧商业评论》2008 年第 12 期。

② 张茉楠：《全球失衡根源与再平衡下的中国强国之路》，《发展研究》2009 年第 7 期。

（五）实施"走出去"战略，加大海外投资

截至 2012 年底，中国外汇储备累积已经超过 33000 亿美元，这为中国企业实施"走出去"战略，加大海外投资，提供了物质基础。加大海外投资，到东道国当地投资设厂，将对外出口转变为对外资本输出、技术输出，在一定程度上可以减少中国在统计上的对外贸易顺差，缓解国际贸易摩擦，同时也有利于提高开放型经济水平，提升企业国际竞争力和综合国力。

当前欧美诸多国家陷入主权债务危机，而中国坐拥巨大的外汇储备，为我国与有关国家扩大合作创造了条件，也为我国进一步推动企业"走出去"，收购优质资产提供了难得机遇。

（六）积极参与全球经济失衡调整的国际合作

作为世界经济失衡中的一极，中国对待国际协调的态度和政策是积极主动的。在 2008 年 11 月 15 日召开的二十国集团金融峰会上，中国呼吁各国加强宏观经济政策协调，扩大经济金融信息交流。胡锦涛在《人民日报》2009 年 4 月 1 日刊登的文章中说"中国将继续同国际社会加强宏观经济政策协调，推动国际金融体系的改革，积极维护多边贸易体制稳定，为推动恢复世界经济作出应有的贡献"。在 2009 年 4 月 3 日召开的二十国集团金融峰会上，中国政府再次呼吁国际社会认清形势、加强沟通。可以肯定地说，中国积极参与克服金融危机的国际协调与合作将对世界经济的稳定起到积极作用。

当前的全球经济失衡并非单个国家或单方面原因所致，既和赤字方美国国内低储蓄率有关，也和盈余方中国国内低消费率、出口导向战略、汇率制度有关，同时也和当前全球不平衡的国际

金融格局、国际产业分工有关。因此单个国家的政策调整无法实现当前全球经济再平衡。当前全球经济失衡调整需要相关国家联合起来,共同采取调整措施,以实现全球经济失衡的渐进调整。尤其是处于世界经济失衡中赤字方地位的美国,应该采取多种措施,提高国民储蓄率,减少消费,削减经常项目赤字。亚洲新兴市场经济体需要改变出口导向型贸易战略,降低对外部需求的依赖程度,实行较为灵活的汇率政策,提高国内金融深化水平。为此,作为主要盈余方的中国应该积极与主要赤字方的美国协商沟通,进行联合政策协调,以实现全球经济失衡有序调整。当前世界经济领域内的主要三大协调机制包括 IMF、G20、WTO。中国只有积极参与其中,才能真正融入经济全球化,不断提升自身在全球经济治理中的话语权,并借此机会,改变中国在国际经济中的地位,提升中国在国际经济中的地位与话语权。

1. 加大在国际贸易领域里的话语权,影响国际贸易体系

尽管中国是世界上主要的贸易顺差国,也是世界上最大的进口国和出口国之一,但是,中国在国际贸易问题上却常常处于被动。在 WTO 的多边谈判中,中国的声音还相对微弱,在贸易谈判中话语权较为有限。中国作为一个高速发展的经济体,人均自然资源储量和产量高度稀缺(中国资源储量不稀缺的品种屈指可数,其中包括稀土矿),日益依赖国际市场的供给,已经成为名副其实的资源进口大国。然而,中国不仅在国际上基本还没有成规模地获得矿产资源的所有权,也没有有效地获得以资源为价值基础的大公司的非控股股份,甚至在国际原材料市场上,中国公司的价格谈判权还很小。资源进口大国的地位,使得中国有能力组织其资源进口企业与资源出口国进行集体谈判,获得资源定价权;同时由于中国已经成为世界上第二大贸易国和最大的贸易顺差国，因而中国有能力在贸易谈判中获得更大的发言权。

2. 积极参与当前国际货币体系的改革，构建东亚区域货币体系

布雷顿森林体系建立以来，形成了以美元为主导的国际货币体系。虽然20世纪70年代布雷顿森林体系崩溃了，但事实上迄今为止，美元的霸权效应在全球化、一体化、区域化的背景下，仍旧存在。诚然，美元霸权的存在有其经济基础和现实合理性。美元霸权对国际货币体系及世界经济的稳定与发展起到了一定的积极作用。由于美元承担着主要的储备货币、结算货币和投资手段的职能，因此美元地位相对稳定对国际贸易的稳步发展、国际金融市场的运行和稳定起到了极其重要的作用。另外，美国在享有美元霸权利益的同时却没有很好地履行其责任。全球经济失衡在一定程度上是美国投资美元霸权信用的后果。而且随着美国国内市场经济活力难续辉煌，美元霸权开始动摇，这将带来全球货币体系的动荡与不稳定。积极参与东亚货币合作，通过与其他东亚国家和地区的政策协调机制，构建区域金融合作与安全体系，共同维护区域内的经济和金融安全与稳定，是增强中国金融体系抗风险能力的有效途径。

3. 谨慎对待 G20 框架下的量化全球经济失衡建议

在 G20 框架下，美国提出的单一外部失衡上限的对称性调整建议，暗含将其逆差调整责任转向顺差国，因而，中国有理由也有必要质疑单一外部失衡上限对称性约束的合理性，而不应纯粹接受美国单方面的失衡上限建议。外部失衡上限不仅与自身经济结构、经济发展阶段相关，还与外部经济体的经济结构或者经济发展模式及外部调整策略密切相关。虽然顺差国能够承受比逆差国更高的外部失衡上限水平，但仍应谨慎对待量化全球经济失衡的相关建议。

附　录

1. 本书第三章第二节选取 88 个国家和地区为分析样本，具体见附表 1。

附表 1　88 个样本国家和地区名单

阿尔及利亚	安提瓜	澳大利亚	巴林	孟加拉国	贝宁	博茨瓦纳	巴西
喀麦隆	加拿大	智利	中国	哥伦比亚	科特迪瓦	丹麦	多米尼加共和国
埃及	埃塞俄比亚	芬兰	法国	加蓬	德国	加纳	希腊
危地马拉	海地	洪都拉斯	冰岛	印度	印度尼西亚	伊朗	爱尔兰
以色列	意大利	日本	牙买加	约旦	韩国	科威特	莱索托
利比亚	马达加斯加	马拉维	马来西亚	马里	毛里塔尼亚	毛里求斯	墨西哥
摩洛哥	莫桑比克	荷兰	新西兰	尼日尔	尼日利亚	挪威	阿曼
巴基斯坦	巴拿马	巴布亚新几内亚	菲律宾	卢旺达	沙特阿拉伯	塞内加尔	塞舌尔
塞拉利昂	新加坡	南非	西班牙	斯里兰卡	苏丹	斯威士兰	瑞典
瑞士	阿拉伯叙利亚共和国	中国台湾	泰国	冈比亚	多哥	特立尼达和多巴哥	突尼斯
乌干达	英国	美国	乌拉圭	委内瑞拉	也门	赞比亚	津巴布韦

2. 本书第四章第二节选取 88 个国家和地区为分析样本，名单

同附表 1。

3. 本书第五章第一节选取 90 个国家和地区为分析样本，除了附表 1188 个国家和地区外，还包括圣卢西亚、圣克里斯多福与尼维斯。

4. 本书第五章第二节和第三节选取 74 个国家和地区为分析样本，名单见附表 2。

附表 2　74 个样本国家和地区名单

阿尔及利亚	澳大利亚	巴林	孟加拉国	贝宁	博茨瓦纳	巴西	喀麦隆
加拿大	智利	中国	哥伦比亚	丹麦	多米尼加共和国	埃及	埃塞俄比亚
芬兰	法国	加蓬	德国	加纳	希腊	海地	洪都拉斯
冰岛	印度	印度尼西亚	伊朗	爱尔兰	以色列	意大利	牙买加
约旦	韩国	科威特	马拉维	马来西亚	马里	毛里塔尼亚	毛里求斯
墨西哥	摩洛哥	莫桑比克	荷兰	新西兰	尼日尔	尼日利亚	挪威
阿曼	巴基斯坦	巴布亚新几内亚	菲律宾	沙特阿拉伯	塞内加尔	新加坡	南非
西班牙	斯里兰卡	苏丹	瑞典	瑞士	阿拉伯叙利亚共和国	中国台湾	泰国
多哥	特立尼达和多巴哥	突尼斯	乌干达	英国	美国	乌拉圭	委内瑞拉
也门	赞比亚						

| 参考文献 |

1. Aart Kraay, Jaume Ventura, "Current Account in Debtor and Creditor Countries", *The Quarterly Journal of Economics*, Vol. 115, No. 4, 2000.

2. Alexander, S., "Effect of a Devaluation on a Trade Balance", *IMF Staff Paper*, 1952.

3. Alan Ahearne, William R. Cline, Kyung Tae Lee, Yung Chul Park, Jean Pisani – Ferry and John Williamson, "Global Imbalances: Time for Action", Policy Brief, No. PB07 – 4, *Peterson Institute for International Economics*, 2007.

4. Alamedin A. Bannaga, "Adjustment Policies and the Current Account Balance: Empirical Evidence from Sudan", *IDPM Working Paper* No. 8, 2004.

5. Ashoka Mody, Franziska Ohnsorge, "After the Crises: Lower Consumption Growth but Narrower Global Imbalance?", *IMF Working Paper*, 2010.

6. Assaf Razin, "The Dynamic – Optimizing Approach to the Current Account: Theory and Evidence", *NBER Working Paper* No. 4334, 1993.

7. Bagnai, A., "The Role of China in Global External Imbalance: Some

Further Evidence", *China Economic Review*, vol. 20, issue3, 2009.

8. Barry Eichengreen, Muge Adalet, "Current Account Reversal: Always A Problem", *NBER Working Paper* No. w11634, 2005.

9. Bernardina Algieri, Thierry Bracke, "Patterns of Current Account Adjustment——Insights from Past Experience", *Open Economic Review* DOI 10. 1007/s11079 - 009 - 9126 - 8, 2009.

10. Bernanke, B. S. , "The Global Saving Glut and the U. S. Current Account Deficit", Sandridge Lecture, *Virginia Association of Economics*, Federal Reserve Board (March), 2005.

11. Blanchard, O. , F. Giavazzi and F. Sa. , "The U. S. Current Account and the Dollar", *NBER Working Paper* No. 11137, 2005.

12. Caballero, R. , E. Farhi and P. – O. Gourinchas, "An equilibrium model of global imbalances and low interest rates", *American Economic Review*, vol. 98, No. 1, 2008.

13. Caballero, R. , E. Farhi and P. – O. Gourinchas, "Financial Crash, Commodity Prices and Global Imbalances", *NBER Working Paper* No. 14521, 2008.

14. Calvo, G. A. , A. Izquierdo and L. F. Mejia. , "On the Empirics of Sudden Stops: The Relevance of Balance – sheet Effects", *NBER Working Paper* 10520, 2004.

15. Catherine L. Mann, "The US Current Account, New Economy Service, and Implications for Sustainability", *Review of International Economics*, 12 (2), 2004.

16. Charles Engel, John H. Rogers, "The U. S. Current Account Deficit and the Expected Share of World Output", *NBER Working Paper*

11921, 2006.

17. Chinn, M. D. and Ito, H. , "Current Account Balances, Financial Development and Institutions: Assaying the World Savings Glut", *La Follette School of Public Affairs Working Papers* No. 2005 – 023, University of Wisconsin – Madison, 2005.

18. Chinn, M. D. and Prasad, E. S. , "Medium – term Determinants of Current Accounts in Industrial and Developing Countries: An Empirical Exploration", *Journal of International Economics*, Vol. 59, 2005.

19. Cooper, Richard N. , "Is the U. S. Current Account Sustainable? Will It Be Sustained?", *BPEA*, 2001: 1, 217 – 26, 2001.

20. Cooper, R. N. , "Living with Global Imbalances: A Contrarian View", *Policy Briefs in International Economics*, Institute for International Economics, USA, 2005.

21. Christopher Gust, Sylvain Leduc, Nathan Sheets, "TheAdjustment of Global External Balances: Does Partial Exchange – rate Pass – through to Trade Prices Matter?", *Journal of International Economics* 79, 2009.

22. Croke, H. , Kamin S. B. and S. Leduc. , "Financial Market Developments and Economic Activity during Current Account Adjustments in Industrial Economies", *International Finance Discussion Papers* 827, Board of Governors of the Federal Reserve System, 2005.

23. Curcuru E. Stephanie, Thomas P. Charles, "Current Account Sustainability and Relative Reliability", *NBER Working Paper* 14295, 2008.

24. Debelle, G. and G. Galati. , "Current Account Adjustment and Capital Flows", *BIS Working Papers*, No. 169, February, 2005.

25. Dooley, Michael P. , David Folkerts − Landau and Garber, P. , "An Essay on the Revived Bretton Woods System", *NBER Working Paper* No. 9971, 2003.

26. Dooley, Michael P. , David Folkerts − Landau and Peter M. Garber, "The Revised Bretton Woods System", *International Journal of Finance and Economics*, vol. 9, issue 4, 2004.

27. Dooley, Michael P. , David Folkerts − Landau and Peter M. Garber, "The Revived Bretton Woods System: The Effects of Periphery Intervention and Reserve Management on Interest Rate & Exchange Rates in Center Countries", *NBER Working Paper* w10332, 2004.

28. Edwards, S. , "Does the Current Account Matter?", In Edwards, S. and J. A. Frankel (Eds.): *Preventing Currency Crises in Emerging Markets*, University of Chicago Press, 2002.

29. Edwards, S. , "Thirty Years of Current Account Imbalances, Current Account Reversals and Sudden Stops", *IMF Staff Papers*, Vol. 51, Special Issue, pp: 1 −49, 2004.

30. Edwards, S. , "Is the U. S. Current Account Deficit Sustainable? And If Not, How Costly Is Adjustment Likely to Be?", *Brookings Papers on Economic Activity*, Vol. 1, 2005.

31. Edwards, S. , "The End of Large Current Account Deficits, 1970 − 2002: Are There Lessons for the United States?", In *The Greenspan era: Lessons for the Future*, The Federal Reserve Bank of Kansas City, 2005.

32. Edwards, S. , "The U. S. Current Account Deficit: Gradual Correction or Abrupt Adjustment?", *Journal of Policy Modeling*, September 2006.

33. Edwards, S., "On Current Account Surplus and the Correction of Global Imbalances", *NBER Working Paper* 12904, 2007.

34. Eichengreen, B. and Muge Analet, "Current Account Reversal: Always a Problem?", *NBER Working Paper* w11634, 2005.

35. Enrique G. Mendoza, Vincenzo Quadrini, Jose – Victor Rios – Rull, "Financial Integration, Financial Deepness and Global Imbalance", *NBER Working Paper* 12909, 2007.

36. Freund, C. and F. Warnock., "Current Account Deficits in Industrial Countries: The Bigger They Are, The Harder They Fall?", in R. Clarida (Ed.): *G7 Current Account Imbalances: Sustainability and Adjustment*, The University of Chicago Press, 2005.

37. Freund, C., "Current Account Adjustment in Industrialized Countries", *International Finance Discussion Papers* Number 692, 2000.

38. Frankel, J. A. and E. A. Cavallo, "Does Openness to Trade Make Countries More Vulnerable to Sudden Stops, or Less? Using Gravity to Establish Causality", *NBER Working Paper* 10957, 2004.

39. Ghosh, AtishR. and Jonathan D. Ostry., "The Current Account in Developing Countries: A Perspective From the Consumption – Smoothing Approach", *World Bank Economic Review* 9, 1995.

40. Gourinchas, Pierre – Olivier and Hélène Rey, *U. S. External Adjustment: The Exorbitant Privilege.* Photocopy, University of California, Berkeley, and Princeton University, April 2005. .

41. Greenspan, Alan., "Evolving U. S. Payments Imbalance and Its Impact on Europe and the Rest of the World", *Cato Journal* 24 (Spring – Summer): 1 – 11, 2004.

42. Gruber, Joseph W. and Kamin, Steven B. , "Explaining the Global Pattern of Current Imbalance", *Journal of International Money and Finance* 26 (4), 2007.

43. GhoshD. Atish, Ostry D. Jonathan, "The Current Account in Developing Countries: A Perspective from the Consumption – Smoothing Approach", *The World Bank Economic Review*, Vol. 9, No. 2, 1995.

44. Guy Debelle, Gabriele Galati, "Current Account Adjustment and Capital Flows", *Review of International Economics*, 15 (5), 2007.

45. Hamid Faruqee, Douglas Laxton, Dirk Muir and Paolo Pesenti, "Smooth Landing or Crash? Model – Based Scenarios of Global Current Account Rebalancing", *NBER Working Paper* 11583, 2005.

46. Hausmann, R. and Sturzenegger, F. , "Global Imbalance or Bad Accounting? The Missing Dark Matter in the Wealth of Nations", *CD Working Paper* No. 124, Harvard University, 2006.

47. Hilary Croke, Steven B. Kamin and Sylvain Leduc, "Financial Market Developments and Economy Activity during Current Account Adjustments in Industrial Economics", *International Finance Discussion Paper* No. 827, Board of Governors of the Federal Reserve System, 2005.

48. Jaewoo Lee, Pau Rabanal and Damiano Sandri, "U. S. Consumption after the 2008 Crisis", *IMF Working Paper*, 2010.

49. Jeffrey D. Sachs, Richard N. Cooper, Stanley Ficher, "The Current Account and Macroeconomic Adjustment in the 1970s", *Brookings Papers on Economic Activity*, vol. 1981, No. 1, 1981.

50. Jiandong Ju, Shang – jin Wei, "Current Account Adjustment: Some New Theory and Evidence", *NBER Working Paper* 13388, 2007.

51. Kenza Benhima, Olena Havrylchyk, "Current Account Reversals and Long Term Imbalances: Application to the Central and Easter European Countries", *CEPII Working Paper* No. 2006 – 27, 2006.

52. Lane, Philip and Milesi – Ferretti, Gian Maria, "Long Term Capital Movements", *NBER Macroeconomics Annual* 2001, MIT Press, 2002.

53. Lane, Philip and Milesi – Ferretti, Gian Maria, "International Financial Integration", *IMF Staff Papers*, 50, 1: 82 – 113, 2003.

54. Martin S. Feldstein, "Resolving the Global Imbalance: The Dollar and the U. S. Saving Rate", *NBER Working Paper* No. 13952, 2008.

55. McKinnon Renald, Schnabl Gunther, "Current Account Surplus and Conflicted Virtue in East Asia: China and Japan under the Dollar Standard", *International Finance* 7, 2, 169 – 201, 2004.

56. Mendoza E. , Vincenzo Quadrini, Jose – Victor Rios – Rull, "Financial Integration, Financial Deepness, and Global Imbalances", *CEPR Discussion Paper* No. 6149, 2007.

57. Michael D. Bordo, Alberto F. Cavallo, Christopher M. Meissnet, "Sudden stops: Determinants and Output Effects in the First Era of Globalization, 1880 – 1913", *Journal of Development Economics* 91 (2010), 2010.

58. Michele Cacallo, "Current Account Adjustment with High Financial Integration: A Scenarion Analysis", *FRBSF Economic Review*, 2006.

59. Milesi – Ferretti, Gian Maria and Assaf Razin, "Sustainability of Persistent Current Account Deficits", *National Bureau of Economic Research Working Paper* No. 5467, 1996.

60. Milesi – Ferretti, Gian Maria and Assaf Razin, "Sharp Reduction in Current Account Deficits: an Empirical Analysis", *European Eco-*

nomic Review, 42, 1998.

61. Milesi – Ferretti, Gian Maria and Assaf Razin, "Current Account Reversals and Currency Crises: Empirical Regularities", in P. Krugman (ed.), *Currency Crises*, U. of Chicago Press, 2000.

62. Miranda Xafa, "Global Imbalances: Do They Matter", *Cato Journal*, 2007.

63. Mussa, Michael, "Sustaining Global Growth while Reducing External Imbalances", In C. Fred Bergsten (ed.), *The United States and the World Economy: Foreign and Economic Policy for the Next Decade*. Washington: Institute for International Economics, 2010.

64. Nason, James M. and John H. Rogers, "The Present Value Model of the Current Account has been Rejected: Round Up the Usual Suspects", *International Finance Discussion Paper* 760, Board of Governors of the Federal Reserve System, 2002.

65. Obstfeld, M. and Rogoff, K., *Foundations of International Macroeconomics*, MIT Press, 1996. .

66. Obstfeld, M. and Rogoff, K., "Perspectives on OECD Capital Market Integration: Implications for U. S. Current Account Adjustment", *Global Economic Integration: Opportunities and Challenges*. Kansas City: Federal Reserve Bank of Kansas City, 2000.

67. Obstfeld, M. and Rogoff, K., "The Unsustainable US Current Account Position Revisited", *NBER Working Paper* 10869, 2004.

68. Obstfeld, M. and Rogoff, K., "Global Current Account Imbalances and Exchange Rate Adjustment", *Working Paper in University of California*, Berkeley, USA, 2005.

69. Ogaki, Masao, Ostry, JonathanD. and Carmen M. Reinhart, "Saving

Behavior in Low and Middle Income Developing Countries: A Comparison', *IMF Working Paper*: 95/3, January. Papers No. 2005 – 023, University of Wisconsin – Madison. , 2005.

70. Paolo Pesenti, "The Global Economy Model: Theoretical Framework", *IMF Staff Papers* Vol. 55, No. 2. , 2008.

71. Qingyuan Du, Shangjin Wei, "A Sexually Unbalanced Model of Current Account Imbalances", *NBER Working Paper* 16000, 2010.

72. . Richard H. Clarida, "G7 Current Account Imbalances: Sustainability and Adjustment", *NBER Working Paper* 12194, 2006.

73. Richardo J. Caballero, "The "Other" Imbalance and the Financial Crisis", *NBER Working Paper* 15636, 2010.

74. Richard Portes, "Global Imbalances", *Working Paper in London Business School and CEPR*, 2009.

75. Rodrigo de Rato, "Shared Responsibilities: Solving the Problem of Global Imbalances", Speech Presented by the Haas School of Business at UC Berkeley, 2006.

76. Ronald I. McKinnon, "The International Dollar Standard and the Sustainability of the U. S. Current Account Deficit", *Brooking Papers on Economy Activity*, Vol. 2001, No. 1, 2010.

77. Roubini, Nouriel and Brad Setser, *The U. S. as a Net Debtor: The Sustainability of U. S. External Imbalances*, Photocopy, New York University, 2004.

78. Roubini Nouriel, Wachtel Paul, "Current Account Sustainability in Transition Economics", *NBER Working Paper* 6468, 1998.

79. Sachs, J. , "The Current Account and Macroeconomic Adjustment in the 1970s", *Brookings Papers on Economic Activity*, 1981.

80. Sachs Jeffrey, "The Current Account in the Macroeconomic Adjust-
    ment Process", *NBER Working Paper* No. 796, 1981.

81. Ventura, Jaume, "A Portfolio View of the U. S. Current Account
    Deficit", *BPEA*, 1: 2001.

82. Ventura, J., "Towards a Theory of Current Accounts", The World Econ-
    omy, 2003.

83. Willen, P., "Incomplete Markets and Trade", *Federal Reserve Bank
    of Boston Working Paper*, 2004.

84. Yu Yongding, "Global Imbalances: China's Perspective", Paper
    prepared for International Conference on Global Imbalances, Organ-
    ized by IIE Washington 8 February, 2007.

85. 白晓燕:《复活的布雷顿森林体系:国际争论与现实冲击》,
    《世界经济研究》2008 年第 5 期。

86. 陈继勇、刘威:《"美中贸易的'外资引致逆差'问题研究"》,
    《世界经济》2006 年第 9 期。

87. 陈继勇、胡艺:《知识经济时代与世界经济失衡问题的再认
    识》,《世界经济》2007 年第 7 期。

88. 陈继勇、胡渊:《中国实施互利共赢的对外贸易战略》,《武汉
    大学学报(哲学社会科学版)》2009 年第 5 期。

89. 陈继勇、吴宏:《全球经济失衡的可持续性问题研究——基于
    中美贸易失衡的角度》,《武汉大学学报(哲学社会科学版)》
    2008 年第 4 期。

90. 陈建奇:《中国是否接受外部失衡上限对称性约束》,《国际贸
    易》2011 年第 4 期。

91. 顾国达、张正荣、张钱江:《汇率波动、出口结构与贸易福利——

基于要素流动与世界经济失衡的分析》,《世界经济研究》2007 年第 2 期。

92. 胡晖:《全球经济失衡的原因与影响》,中央财经大学博士学位论文,2007。

93. 胡渊、刘应元:《试论我国对外出口贸易政策导向的转变》,《对外经贸实务》2008 年第 9 期。

94. 华民:《全球经济失衡的触发机制及中国的选择》,《国际经济评论》2006 年第 3 ~ 4 期。

95. 华民:《世界经济失衡:概念、成因与中国的选择》,《吉林大学社会科学学报》2007 年第 1 期。

96. 黄晓龙:《全球失衡、流动性过剩与货币危机》,《金融研究》2007 年第 8 期。

97. 黄志刚:《货币政策与贸易不平衡的调整》,《经济研究》2011 年第 3 期。

98. 焦武:《中国国际收支失衡问题研究》,复旦大学博士学位论文,2009。

99. 金洪飞、周继忠:《人民币升值能解决美国对华贸易赤字吗?》,《财经研究》2007 年第 4 期。

100. 李向阳:《全球经济失衡及其对中国经济的影响》,《国际经济评论》2006 年第 3 ~ 4 期。

101. 李稻葵:《世界经济失衡是中国打破世界经济格局的最好机遇》,《新财富》,2007 年第 1 期。

102. 李晓峰、朱九锦:《我国经常项目失衡与收入变动的关系——基于跨期消费平滑模型和我国的数据》,《国际贸易问题》2010 年第 6 期。

103. 李扬、卢瑾：《全球经济失衡形成机制研究新进展》，《经济学动态》2010 年第 3 期。

104. 刘威：《全球经济失衡的调整重心及中国的参与策略》，《武汉大学学报（哲学社会科学版)》2008 年第 4 期。

105. 刘林奇：《人民币对美元世纪汇率与中美贸易净出口关系的实证研究》，《国际贸易问题》2007 年第 11 期。

106. 刘伟丽：《全球经济失衡与再平衡问题研究》，《经济学动态》2011 年第 4 期。

107. 刘尧成、徐晓萍：《供求冲击与我国经济外部失衡——基于 DSGE 两国模型的模拟分析》，《财经研究》2010 年第 3 期。

108. 刘尧成、徐晓萍：《我国经常账户失衡的内外冲击因素——基于 BQ 分解的实证研究》，《财经科学》2010 年第 1 期。

109. 刘威、陈继勇：《全球经济失衡理论若干问题的研究综述》，《全球经济失衡与中美经贸关系》，上海社会科学出版社，2007。

110. 刘钻石：《从历史角度看世界经济失衡：文献综述》，《亚太经济》2007 年第 8 期。

111. 潘国陵：《国际金融理论与数量分析方法》，上海人民出版社，2000。

112. 施建淮、傅雄广：《汇率传递理论文献综述》，《世界经济》2010 年第 5 期。

113. 施建淮：《全球经济失衡的再平衡及其对中国经济的影响》，北京大学中国经济研究中心讨论稿系列 No. C2006001，2006 年 2 月。

114. 宋玉华、叶绮娜：《后危机时代世界经济再平衡及其挑战》，《经济理论与经济管理》2010 年第 5 期。

115. 王国刚：《走出"全球经济再平衡"的误区》，《财贸经济》
2010 年第 10 期。

116. 王胜、陈继勇、吴宏：《中美贸易顺差与人民币汇率关系的实
证分析》，《国际贸易问题》2007 年第 5 期。

117. 汪进、尹兴中：《流动性过剩、全球经济再平衡——后危机时
代国际经济金融新格局分析》2010 年第 6 期。

118. 夏先良：《中美贸易不平衡、人民币汇率与全球经济再平衡》，
《国际贸易》2010 年第 7 期。

119. 肖立晟、王博：《全球经济失衡与对外净资产：金融发展视角
的分析》，《世界经济》2011 第 2 期。

120. 谢朝阳、李洪梅：《国际收支理论源流与展望》，《北方工业大
学学报》2008 第 12 期。

121. 熊性美、戴金平等：《当代国际经济与国际经济学主流》，东
北财经大学出版社，2004。

122. 徐建炜、姚洋：《国际分工新形态、金融市场发展与全球经济
失衡》，《世界经济》2010 第 3 期。

123. 薛敬孝、佟家栋、李坤望：《国际经济学》，高等教育出版
社，2000。

124. 姚枝仲、齐俊妍：《全球国际收支失衡及变化趋势》，《世界经
济》2006 年第 3 期。

125. 杨珍增、陆建明：《金融发展、国际分工与全球失衡》，《世界
经济研究》2011 年第 3 期。

126. 余永定：《全球国际收支失衡：中国视角》，《国际经济评论》
2006 年第 9 ~ 10 期。

127. 张幼文：《要素流动和全球经济失衡的历史影响》，《国际经济

评论 2008 年》第 3~4 期。

128. 张建清、李洁、张天顶：《全球经常项目失衡的实证研究》，《国际贸易问题》2007 年第 3 期。

129. 张建清、张天顶：《经常账户失衡的调整：国家经验及其对中国的启示》，《世界经济》2008 年第 10 期。

130. 张明：《全球国际收支失衡的调整及对中国经济的影响》，《世界经济与政治》2007 年第 7 期。

131. 张礼卿：《中国的外部失衡及其调整》，《国际金融研究》2008 年第 9 期。

132. 张燕生：《全球经济失衡条件下的政策选择》，《国际经济评论》2006 年第 3~4 期。

133. 中国经济增长与宏观稳定课题组：《全球失衡、金融危机与中国经济的复苏》，《经济研究》2009 年第 5 期。

134. 张明：《全球国际收支失衡的调整及对中国经济的影响》，《世界经济与政治》2007 年第 7 期。

135. 张茉楠：《后危机时代、分工失衡条件下的中国强国之路》，《改革》2010 年第 12 期。

136. 张茉楠：《全球失衡根源与再平衡下的中国强国之路》，《发展研究》2009 年第 7 期。

137. 祝丹涛：《金融体系效率的国别差异和全球经济失衡》，《金融研究》2008 年第 8 期。

后 记

本书是国家社科基金重大项目"后金融危机时代中国参与全球经济再平衡的战略与路径研究"（项目编号 11&ZD008）的阶段性研究成果，它的出版也得到了教育部人文社会科学研究基金青年项目（项目编号 13YJC790050）和湖北工业大学博士科研启动基金（项目编号 BSQD12090）的资助。本书来自本人博士论文的扩展，它能够完成并最终出版，首先要感谢陈继勇老师的悉心指导和不断鼓励，同时还要感谢武汉大学张彬教授、张建清教授、李卓教授等老师提出了大量有益建议。

自 20 世纪 90 年代中期以来，全球经常账户失衡持续扩大，日益严重，成为当前世界经济运行的主要特征和面临的重要风险，已给各国经济造成持久而深刻的影响，并对全球经济持续发展带来潜在风险和新的挑战。在此背景下，全球经济失衡也成为理论研究者、各国政策制定者关注的焦点。一方面，全球化使得当今的全球经济失衡呈现出与以往不同的特征，表现得更加错综复杂；另一方面，随着理论的不断向前发展，借助精深的理论模型与计量工具，对当前全球经济失衡的认识也在不断深化。尽管在本书的写作中作者已经倾尽全力，但限于作者的学识水平和研究能力，错误与疏漏肯定难以避免，恳请读者不吝赐教。

最后我要对为我操持家务让我得以腾出时间完成科研工作、一直支持我不断前进的父母表达深深的谢意！社会科学文献出版社王玉山老师为本书的出版付出了辛勤的劳动，特致谢意！

图书在版编目（CIP）数据

全球经济失衡研究 / 胡渊著 . —北京：社会科学文献出版社，
2014.4

（对外开放战略研究丛书）

ISBN 978 – 7 – 5097 – 5687 – 4

Ⅰ.①全…　Ⅱ.①胡…　Ⅲ.①世界经济－经济失衡－研究
Ⅳ.①F11

中国版本图书馆 CIP 数据核字（2014）第 035357 号

·对外开放战略研究丛书·

全球经济失衡研究

著　　者 / 胡　渊

出 版 人 / 谢寿光
出 版 者 / 社会科学文献出版社
地　　址 / 北京市西城区北三环中路甲 29 号院 3 号楼华龙大厦
邮政编码 / 100029

责任部门 / 经济与管理出版中心（010）59367226　　责任编辑 / 王玉山
电子信箱 / caijingbu@ ssap. cn　　　　　　　　　　责任校对 / 王海荣
项目统筹 / 恽　薇　　　　　　　　　　　　　　　　责任印制 / 岳　阳
经　　销 / 社会科学文献出版社市场营销中心（010）59367081　59367089
读者服务 / 读者服务中心（010）59367028

印　　装 / 三河市尚艺印装有限公司
开　　本 / 787mm × 1092mm　1/16　　　　　　　　印　　张 / 13.75
版　　次 / 2014 年 4 月第 1 版　　　　　　　　　　字　　数 / 205 千字
印　　次 / 2014 年 4 月第 1 次印刷
书　　号 / ISBN 978 – 7 – 5097 – 5687 – 4
定　　价 / 58.00 元